HEIL CORONA

Klaus Jörg Ruff

„*Operation Corona*"

und die Anästhesie des Mittelstands

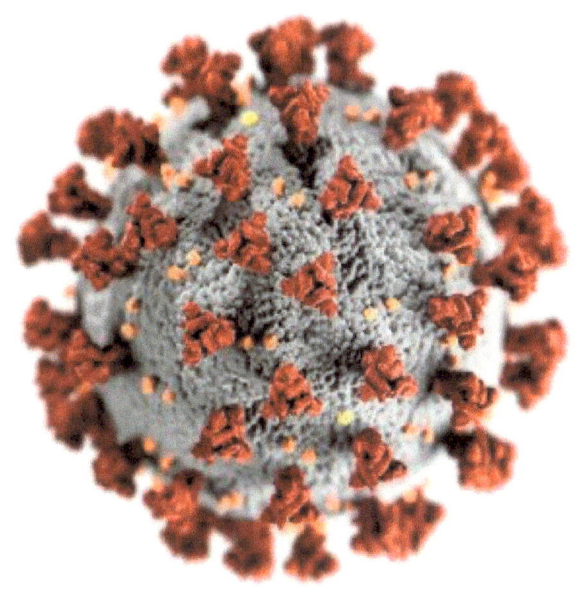

Herstellung und Verlag
BoD – Books on Demand, Norderstedt

ISBN: 978-3-7526-6167-5

„Operation Corona"

und die Anästhesie des Mittelstands

von Klaus Jörg Ruff - Zeitzeuge

Die traditionelle Geschichtsschreibung verwirrt uns gern, insbesondere, wenn diese von der Herrschaft, den sogenannten Eliten in Auftrag gegeben, bezahlt und prämiert wird, widerspricht oft unseren Wahrnehmungen, fordert unsere selektive Aufmerksamkeit heraus und überfordert uns, eigentlich immer, bei der Speicherung als logisches Ganzes in unserem Hirn, vorausgesetzt wir wollen es überhaupt und sind bereit mehr in unserem Leben zu tun, als all unsere Motivationen aus dem Genuss zu schöpfen. Wahrnehmung, Erinnerung, Erlebenserfahrungen, überlagert durch Empfindungen und Wertevorstellungen, beeinflussen unser verwirrtes Bild von dieser geteilten Welt. Doch nun, da wir uns zurückziehen, in uns selbst, gefangen sind in Angst und Galgenhumor, alles bisher Erlebte vergleichen mit der Dunkelheit, die uns in Einsamkeit umschließt, uns fast schwerelos, widerstandslos treiben lässt, mit einer Maske im Gesicht, hinein ins Ungewisse einer anderen, neuen Welt, überkommt uns ein Gefühl der Ohnmacht und es könnte uns in den Wahnsinn treiben, wenn Menschen mit denen wir in einer Zeit leben, uns als Nahtoderfahrung im Geiste spiegeln, wir der Sympathiebekundung, durch ein freundliches Lächeln, beraubt, nicht mehr jene sind, die wir sein wollen.

Eingeschlossen, in diese kleine Welt als menschliche Kreatur, suche ich ein Fenster, das ich öffnen kann, ohne gleich Opfer einer populistischen Agitations- und Propagandapandemie zu werden. Und so sitz ich nun, in mich gekehrt, fragend nach dem Sinn des Lebens. Alles, so scheint es mir, verliert sich im Nichts, in Sinnlosigkeit. Die Ordnung, die ich halte, die Ordnung, die mich deshalb hält, zerfällt in Unordnung, in Anarchie. So ziehe ich mich zurück ins kleine Glück, der Led-TV ist aus, das Radio auch. Zeitung lese ich schon einige Jahre nicht mehr und das Android brummt auf meinem Oberschenkel, obwohl ich es gar nicht in der Hosentasche habe. Beim Einkaufen hin und wieder eine Schlagzeile, die mir ins Gesicht sticht – im Grunde genommen geistiger Müll und ich fragte mich schon, wofür man dazu eine Ausbildung braucht.

Die neue Normalität, aufgesetzt und durchgeboxt, erinnert mich an mein Kasernenleben. Ausgangssperre, Schutzausrüstung am Körper, auf Verlangen vorzeigen, Alkoholverbot, Kontaktsperre und Arrest. Urlaub und Ausgang, auf Antrag und nur bei guter Führung, also der

Einhaltung aller Regeln und einem Nachweis, alle Tests absolviert zu haben.

Das Virusmanagement eine VS, eine halb- oder ganzmilitärische Verschlusssache mit Sperrvermerk?

Die Suggestion einer Sonnenfinsternis, bei der nur noch Corona im Licht erscheint und der Blick für das Wesentliche versperrt bleibt.

„Und du wirst tappen am Mittag, wie ein Blinder tappt im Dunkeln, und wirst auf deinem Wege kein Glück haben und wirst Gewalt und Unrecht leiden müssen dein Leben lang und niemand wird dir helfen." [6]

Privilegiert, da systemrelevant, gehe ich meiner täglichen Arbeit nach, komme richtig unter Leute. So auch an diesem Tag. Eine nette, ältere Dame mit wachen Augen erzählt mir von dem Schicksal was sie kürzlich schwer getroffen hatte: Sechsunddreißig Jahre habe sie in dieser herrlichen Jugendstilvilla gewohnt. Elf Mietparteien wohnen hier, hinunter bis ins Souterrain. Dann kam der Tag und ihrem Mann viel es immer schwerer zu atmen. Krankenhaus. Diagnose Endstadium. Was war geschehen im modernen Staat?

Am 28. Januar 2020 wird die erste Infektion in Bayern aktenkundig, welche eindeutig auf einen chinesischen Kontakt zurückzuführen ist.

Um diesen Fall werden weitere 13 Fälle bestätigt.

Am 25. Februar wird der erste Fall in Baden-Württemberg und ein Fall in Nordrhein-Westfalen registriert.

In Deutschland wird eine länderübergreifende Übertragung der Krankheit nachgewiesen.

Am 26. Februar tickert es, Spahn:

„Wir befinden uns am Beginn einer Corona-Epidemie"

Spätestens zu diesem Zeitpunkt hätte die Bundesregierung mit einem Kollegial-Beschluss... aber dazu später.

Über Stock und über Stein, keiner will der Erste sein...

In der Schule meines Sohnes fand am 28. Februar eine Lesenacht statt. Alle zusammen in einem Raum.

Damals bekannte Grippefälle in Haushalten, aus denen die Kinder teilnahmen, konnten bereits Corona-Fälle sein.

Den ersten Todesfall gab es in Italien bereits am 20. Februar, ein Patient in NRW schwebte per 26. Februar in Lebensgefahr und eine Zurückverfolgung war bereits *„nicht* möglich", so der Minister!

Beiläufig erwähne ich die jüngsten Meldungen.

Hallo Pandemie!

Ich werde belächelt, so als wäre ich aus der Zeit gefallen und denke, da geht gar nix los, wenn ein Minister der Bundesrepublik Deutschland „Feuer" ruft.

Mit dem Okay für die Migrationsströme, vor ziemlich genau fünf Jahren, nach Europa, wurde auch der Pandemieplan fertiggestellt.

Vorsorglich.

Der Deutschlandfunk fragte damals ob sie, gemeint war Mutti, „… unser Land dauerhaft verändert". Heute heißt es, man wisse nicht mehr so genau wer da was entschieden hätte.

Wer nannte sie eigentlich Mutti? Egal. Ein Jeder der sie so nennt, denk ich, ist Teil dieses Systems. Es wird gemunkelt, Mutti wäre der erste weibliche Messias, den wir uns herbeiwünschten, so sie/er, irgendwann in der Flasche verschwunden ist. In ihrer alternativlosen Herrschaft hatte sie eine modern anmutende Ideologie zum Muster ihrer Worte gemacht, um als Heilsbringerin in die Geschichte eingehen zu können, wohlwissend welche bitteren Pillen weltweit verabreicht werden würden.

In meiner Forschung zur Geschichte las ich in Büchern, in manchen nur blätternd, suchte ich nach den Mustern, sich immer wiederholenden Abläufen menschlichen Tuns. In den eintausend, fünfhundert, dreihundert und noch zweihundert Jahre alten Schriften, fand sich kein Hinweis auf ein ideologisches Herrschaftsparadigma. Beschrieben war das Leben, die Grundlagen der Ernährung, die Wanderung auf Wachstumspfaden, die Suche nach dem Glück auf Erden, die Kriege und die Enteignungswellen, welche sich regelmäßig an Land überschlugen und wie ein Tsunami alles fortrissen und stets, nicht widerspruchlos, den Anfang einer neuen Zeit und einer neuen nationalen Geschichte markierte. Nach den Erfahrungen, auf Ideologien basierender Kriege und dem Ende der Diktaturen in Europa wäre die Menschheit im Rausch der Freiheit, dem freien Lauf des Geldes und schier unbändigen Wachstums, fast der Illusion erlegen, dass nun eine Epoche der Wahrheit und Nächstenliebe begänne. Doch schon nach kurzer Zeit bedurfte es neuer Ideologien von Freiheit, welche das Abweiden weltweiter Nutzflächen lustvoll begleiten sollte. Das so schön in den Ohren klingende Herrschaftsmodell, von Freiheit, Klimarettung und Wohlstand diente als schmucker Rahmen einer alternativlosen Politik. Ähnlich dem zum Wanderpokal verkommenen Friedensnobelpreises an Krieger, wird von Muttis Erklärungsmodell, von der selbsternannten Klimakanzlerin nichts anderes bleiben, als der immer wieder geführte Beweis, dass es kein Perpetuum Mobile gibt und Wachstum an eine große Energieintensität, Ausbeutung und Enteignung gekoppelt ist. Geschickt schüttelte sie Lügen und nationales Gedankengut ab, um auf selbigen medienwirksam herumzuklopfen, sodass der Gedanke nicht abwegig erschien, sie selbst hätte die Brutpflege zur Chefsache gemacht und die braunen Eier in ein fremdes Nest gelegt. Auf jeden Fall steht ihr schon seit Jahren die Angst ins Gesicht geschrieben, dass Geschichte sich wiederholen könnte und die Menschen wieder auf die Führerkarte setzen, um im sozialen Abwärtstrend ihre Alltagsprobleme zu lösen, vor allem, dass sie damit in Verbindung gebracht werden könnte. Führer ja, aber um Gotteswillen nicht der. Das Auswanderungsland „Ostdeutschland" und einige westdeutsche Regionen werden durch extreme politische Ansichten kartiert und der Hof in Berlin bemüht sich nicht einmal, daran etwas zu ändern, suhlt sich gar verächtlich in der Verbitterung der Menschen, als ob er wolle, dass sich diese radikalisieren und man dann nur noch das Licht ausschalten müsse, so sie mal zusammen stehen.

Der Vormarsch der deutschen Industrie um den Globus, mit all seinen gefährlichen Begleiterscheinungen bis hin zu Seuchen, Krankheiten und nutzlos werdenden Bevölkerungsteilen, hüllte Mutti in grüne Solidarwolken, die wiederum demokratische Grundstrukturen zu populistischen Bastionen des Kapitals wandelten. Immer mehr Scharlatane tummelten sich in Parlamenten, zerrieben sich in Wortklauberei oder spielten auf die eine oder andere Art Demokratie, zogen einen neuen eisernen Vorhang zwischen denen da oben und denen da unten. Wie in einem Globalisierungsrausch täuschten Klima- und Migrationspolitik darüber hinweg, dass die Meisterschaften in den Disziplinen Wachstum und Digitalisierung kaum noch auf deutschem Boden ausgetragen wurden. Trotz Freiheit, trotz Schuldentragfähigkeit, trotz autonomer Wirtschaftsführung, oder gerade deshalb, wiederholte sich genau jener Vorgang von Fortschritt und Besiedlung, bei dem auch Europa nicht mehr die dominante Rolle spielen würde. Andere Äcker waren fruchtbarer und so vergreisten ganze Landstriche, ja wurden blühende Landschaften zunehmend zu Abwanderungsgebieten. Selbst in modernen afrikanischen Millionenstädten wurde mehr Bier gesoffen als im greisen Deutschland.

Auf Biegen und Brechen drehte man fremden Völkern, im wahrsten Sinne des Wortes, den Hahn ab. Dort wo Menschen einst kein Geld benötigten, führte es diese geradewegs in den Hunger. Immer und immer wieder kauften Menschen Blumen, ohne einen Gedanken zu verschwenden, woher diese wohl kämen, trösteten sich gar damit einen Bruchteil jener Menschen aus den verelenden Gebieten solidarisch aufzunehmen, während deren Familien in den Wüstungen, unweit der

Blumenzuchtanlagen, das lebenswichtige Elixier entzogen wurde. Die Bilder dieser zerstörten Landschaften dienen auch als Beweis für den weltweiten Klimawandel, während einige Begüterte monatlich den Strom einer ganzen Stadt verbrauchten. Politiker aller Couleur schmückten sich mit Blumen die hier nicht wuchsen, sprachen sich gleichzeitig für den Kampf gegen den weltweiten Hunger aus.

Muttis utopischer Kapitalismus trieb Stielblüten, welche höchstes journalistisches Geschick erforderten, um ein Bild humaner Globalisierung im Vordergrund zu halten.

Die deutsche Übermacht in Europa, welche sich in der Phase der Sparpolitik noch vergrößerte, brauchte eine klare Abgrenzung zum Nationalsozialismus, denn einige Gleichnisse traten unverkennbar zutage.

Nicht wenige ostdeutsche Zeitgenossen verglichen die Auswüchse alternativloser Politik mit dem sozialistischen Experiment in der DDR, da die Kanzlerin Linke und Grüne hofierte, diese wiederum Muttis Worthülsen dienstbeflissen übernahmen, ja sich regelgerecht anbiederten. Jedoch sind Besitzverhältnisse und Ideologie nicht einmal ansatzweise vergleichbar und die unbestrittenen Fortschritte im Bildungswesen, in der Struktur des Gesundheitswesens und sozialer Art, längst zu Gunsten marktwirtschaftlicher- und staatlicher Erträge, notgedrungenem Schuldendienst und Provisionen, beseitigt. Der „kleine Kreis", Bundespräsident, Kanzler und eine Hand voll Minister, "Ersatzkaiser" in parlamentarischen Krisensituationen, fast wie in der Weimarer Republik und die seit Adenauer praktizierte "Kanzlerdemokratie" außerhalb demokratischer, kontrollierbarer Meinungsbildung agierend, übertraf sich medial im Ausformulieren Ideologischer Erklärungsmuster. Spätestens hierbei viel auf, dass systemrelevante Bereiche mit sagenhaften Kreditlinien ausgestattet wurden, denen eigentlich die marktwirtschaftlichen Grundlagen fehlten und die den „Wumms" nur noch verschlimmern würden, während der Rest mit ideologischen Durchhalteparolen beweihräuchert wurde.

Zur legendären Grenzöffnung für Migrantenströme, übrigens zwischen der Corona Studie der Bundesregierung von 2012 und der sich ankündigenden Corona Pandemie, nannte Mutti die Länder beim Namen.

Eben dieser „kleine Kreis" hatte entschieden.

Eritrea, Syrien und der Nordirak.

Das führte dazu, dass all diese Migranten davon ausgingen nach Deutschland zu dürfen.

Sie nannte auch jene ohne Bleibeperspektive.

Die Mazedonier, Albaner, Kosovaren und Montenegriner.
Diese jedoch standen vor der ungarischen Grenze und
drückten in den goldenen Westen. Nur wenige Syrer
nutzen bereits die Balkanroute. Genaugenommen wurden
die Flüchtlinge, also jene aus überfüllten Flüchtlingslagern
Jordaniens und dem Libanon (Stichwort: humanitäre
Katastrophe) ausgeladen und die anderen eingeladen.

Ein Fürst hätte gemeint, dass ihm unrechtmäßig
Leibeigene gestohlen würden.

Wer aber ist der Feudalherr?

Assad oder Macron?

Frankreich hatte bereits mit der Operation Harmattan
(heißer Wind), die Aufständischen gegen Muammar al-
Gaddafi militärisch unterstützt, damit Libyen zum
Transitland vieler afrikanischer Flüchtlinge und Migranten
nach Europa gemacht, lieferte Waffen nun auch an die
syrischen Rebellen, und nicht zu vergessen, Syrien ist
eine Schöpfung aus der französischen Kolonialzeit.

Diese konzertierte Entscheidung europäischer und
transatlantischer Herrscher hätte aus der Zeit um 1900
sein können, in der eine Machtpolitik im Weltmaßstab nur
Großmächten zukam, Expansionsansprüche legitim
waren und die Alternative einem Untergang gleichkam.

Auch um 1900 führte die internationale Konkurrenz zu imperialistischer Torschlusspanik um die Verteilung der Ressourcen und der strategischen Sicherung imperialer Interessen auf der Welt. [3]

Ich fragte mich damals warum ein populärer, geachteter Journalist wie Peter Scholl-Latour, ein Experte, ein Kenner der arabischen Welt, welcher die Behauptung aufstellte, die Völker wollten das alles gar nicht, diese Revolution, die Destabilisierung, diese Kriege, vielleicht etwas Teilhabe am westlichen Genuss, wegen seinen Beziehungen zu aufmüpfigen Medien, in die rechtsradikale Ecke geschoben wurde und schlussfolgerte, dass Krieg und Verwüstung dort an der Zeit waren, um unseren Wohlstand zu sichern. Im gleichen Interview, dem Sommerinterview, sagte Mutti, bezogen auf den Arbeitsmarkt (wie kam der Journalist eigentlich darauf die Flüchtlinge mit dem Arbeitsmarkt zu verbinden?): „Im Augenblick erscheint es mir nicht das Vordringlichste zu sein, weil wir momentan eine Einwanderung aufgrund der Überzeugungen unseres Grundgesetzes bekommen, bei der ich noch nicht absehen kann - ich bin ja auch keine Hellseherin -, welchen Effekt das ausmacht." [7] Also erstens nach den Überzeugungen (nicht nach Recht und Gesetz/ dem Völkerrecht?) und zweitens, ja einen Effekt, nur welchen, wie immer … Mutti wäscht ihre Hände in Unschuld.

Wer es glaubt wird selig, denn Institute hatten der Bundesregierung bereits vorher vermittelt, dass der Qualifizierungsstand um Längen hinter unserem Niveau hinterher dümpelt und Studierte unserem Zehnklassenabschluss entsprächen. Dazu noch die Sprachschwierigkeiten kämen. Demnach konnte sich Mutti den Effekt an ihren fünf Fingern abzählen und musste die Deutschen nicht so veralbern.

Als Kohl seinerzeit verlauten ließ, dass in Ostdeutschland hochqualifizierte Fachkräfte vorhanden sind, hatte er nicht gelogen. Auf jeden Fall war es ein Schock, für jene Menschen, die damit überrumpelt wurden.

Auch dieser Entscheidung liegt der Traum von einer flexiblen Bevölkerung im Fiskalrhythmus von Auf- und Abschwung nach amerikanischem Vorbild zugrunde. Ein moderner europäischer Arbeitsmarkt der im Takt möglicher Erträge, ähnlich der Dreifelderwirtschaft, fast schon kosmopolitisch um die Erde kreist, jedoch kapitalisierten Nomaden gleich, einen Müllhaufen nach dem anderen, irgendwo auf der Erde, hinter sich liegen lässt. Das Ende der Sesshaftigkeit und des privaten Eigentums für das multikulturelle Arbeitsvolk, losgelöst von den tatsächlichen Bedürfnissen und zum Nutzen einer breiten Schicht. Liest man diese Aussagen, die aus einem einzigen Interview [7] stammen wird deutlich, dass hier geopolitische Entscheidungen in Folge des sogenannten Arabischen Frühlings, vor allem des Syrienkrieges gefällt wurden. Auch wenn immer wieder über die Worte „Einwanderungsland" und „Arbeitskräftebedarf" ein natürliches Motiv gebetsmühlenartig suggeriert wurde. Aus der Geschichte wissen wir, wie umkämpfte Gebiete gehandelt und engagierten Staaten versprochen wurden. Alles nicht das Erste Mal bei der Aufteilung der Welt. Der Vorteil führt uns zum Motiv. Als am 31. August 2015 dieses Sommerinterview geführt wurde, stand fest, dass Russland den bereits verlorenen Krieg Assads drehen würde. Assad kontrollierte noch zehn Prozent, den wertvollsten Teil Syriens. Russland bereitete sichtbar diesen Einsatz, langfristig und logistisch, vor und informierte die USA. Also kam Mutti, Putin als „Retter" zuvor, welcher prompt die deutsche Identität schwinden sah. Wenn es von Mutti nur Kasperletheater war, wäre es Putin nicht die Spucke wert gewesen. Ohne mit der Wimper zu zucken, schlug sie, nach dem Motto: Russland 144 Millionen, USA 330 Millionen und ich, nach teuren Eingemeindungen, die Miss Europa 450 Millionen Einwohner, überaus selbstbewusst, mehrere Fliegen mit einer Klappe und wertete ihr Image zu einem Zeitpunkt auf, als die trikolore Beute im Mittelmeer versank, Obama jämmerlich versagte und das Geschäftsmodell des

Westens hastig einer weiteren Rezessionswelle entgegenstrebte.

Die reale Flüchtlingsbewegung aus den Lagern Jordaniens und dem Libanon, zur Erinnerung, diese Flüchtlinge wurden ausgeladen (!), wurde demnach genutzt, um in den Syrienkonflikt, einen Krieg, einzugreifen, auch um die Ressource Mensch umzuleiten. Als wäre Deutschland selbst im Krieg, wurden Entscheidungen dieser enormen Tragweite ohne zugegebene Protokollierung, diktatorisch entschieden.

Wie läuft so etwas eigentlich ab. Der kleine Kreis. Gibt's etwas zum Essen? Fährt da einer mit dem Zeigestab über die Landkarte? Gibt es Fotos aus dem Bunker? Seht! Das hat Tony Blair erledigt, hier George W. Bush und das der Nicolas Sarkozy. Naja, völkerrechtswidrig. Okay. Und Obama, Muttis Busenfreund Barak, war in Syrien selbst im Krieg und destabilisierte mehrere Länder.

Aber jetzt sind wir dran. „Deutschland muss mehr machen" hat er doch gesagt.

War Obama zugeschaltet? Hörte Macron mit? Wie ist die Sitzordnung? Gibt es Alkohol oder andere Enthemmer? Die pluralistische Monopolelite ohne Protokoll. Kein Stift, kein nichts? Die Frage ist: Steht es ihnen zu, die Lebensbedingungen ihres Wahlvolkes mit einem

Handgemal dauerhaft zu ändern und Europa für den Markt zum Verkauf konvertibel zu machen? Steht es der Bundesregierung zu, einen großen europäischen Arbeits- (*altgriechisch für Arbeit: Sklave*) markt zu schaffen in dem die Nationen verschwinden und prinzipiell nach ökonomischen Interessen der Wert/ Unwert des Menschen, demnach auch die Zuwanderung, beurteilt und geregelt werden? Wenn erst einmal mehr echte Einwanderer als Europäer in Europa leben, so die Befürchtung eines Teils der Bevölkerung, wird es genauso sein.

Leistungsdruck mag mitunter unangenehm sein, ist jedoch meistens nicht das eigentliche Problem. Die besitzrechtlichen Konsequenzen und das Herauslösen einer Oberschicht aus der Bevölkerung, das Abnabeln der gesamten Einwohnerschaft, die Unerreichbarkeit der Herrschaft, machen demokratische Abläufe überdenkenswert, eigentlich sogar überflüssig, nämlich genau dann, wenn das Volk um seinen, fiskalen und ideellen Anteil betrogen wird, gar ihrer Vorfahren und Geschichte beraubt wird. Selbst wenn Globalisierung Fortschritt im begrenzten Raum unserer Erde bedeutet, ist es doch ein himmelweiter Unterschied, ob ich freiwillig die neuen Räume und Vernetzungen nutze, oder ob ich gezwungen, gar von Waffen getrieben, meinen Lebensraum verlassen muss.

23

So gesehen war diese Entscheidung eher eine politische
Finte und die Menschen waren der Preis den Assad zu
zahlen hatte. Putins Angriff wurde dann, durch diese
Finte, Spielball einer der größten populistischen
Antikriegsdemonstrationen des Westens, die
Bombardierungen und Zerstörungen in der Hauptstadt der
islamischen Kultur, Aleppo spülten den Vietnamkrieg, die
Operation Ranch Hand, der größten Operation des U.S.
Militärs während des Vietnamkrieges zur Ausbringung
von Herbiziden, zur Vernichtung von Wäldern und dem
Aushungern des Gegners sowie die Abwürfe der
Atombomben, aus der Geschichte und erinnerten mich an
die Kriegsberichterstattung der Wehrmacht und Joseph
Goebbels.

Die Schäden in und um Deutschland sind größer als der,
vielleicht nie angedachte, Nutzen. Ein Brinkman Spiel,
wonach der Schaden beim Gegner größer als im eigenen
Herrschaftsbereich ist? Es gab Tote, viele Tote und diese
Aktion wird irgendwann in die Geschichte als Desaster
eingehen, schon deshalb, weil Russland fortan auf
Augenhöhe mit den USA agieren konnte und nun einen
landgestützten Zugang zum Mittelmeer hat. Diese Finte
konnte nicht darüber hinwegtäuschen, dass die
Deutschen auf der einen Seite wie die Verrückten
arbeiten, na gut, sagen wir ein Teil von ihnen, aber auf
der anderen Seite in der Welt eigentlich nichts zu sagen

haben. Eine Zäsur die sich Mutti eher hätte verkneifen sollen. Nun ist es rum.

Die „Eliten", das Establishment, egal wie man es nennt, werden die Fiskaldiktatur ausbauen. Noch nie in der Geschichte waren Wahrnehmung, Kulturfähigkeit, Erkenntnisgewinn, Vertrauen und bewusste Konsumtion in einem so hohen Maße abhängig von der Höhe der monatlichen Geld-Bezüge. Den Menschen sollte bewusst sein, dass wer heute etwas lernt und gebraucht, morgen zu den „Wertlosen" gehören wird, sobald die Karawane wieder einmal weiterzieht. Und sie zieht. Das Wasser wird knapp. Das ist dann der Lebensabschnitt, in dem sie skaliert und zu Übernahmekandidaten werden. Das heißt, immer mehr Menschen wird die individuelle Daseinsvorsorge entzogen und durch die eines Investors oder des Staates ersetzt. Selbst jene, welche stark nachgefragt und gut entlohnt werden, werden über Reformen, wie der Einführung des Euro (100% Inflation!), der Rente (dramatische Kürzung, Änderungen der Bemessungsgrenzen, Verlängerung der Lebensarbeitszeit), Erhöhung der Steuern und Sozialabgaben und in zweiter Instanz deren veränderte Umverteilung, fortlaufend enteignet. Dabei ist es völlig unerheblich ob in einigen Jahren ein syrischer

Nachkomme Bundeskanzler wird, wie es z.b. grüne Populisten vollmundig und bewusst die Gesellschaft spaltend, propagieren. Auch die Grünen haben Blut geleckt und sehen in ihrem dreisten Auftreten einen Zugewinn an Wählern, ohne dass diese Wähler im Entferntesten ahnen wie wenige Rentenpunkte sie jährlich sammeln.

Für so wenig Milch würde ein Bauer die Kuh heute noch schlachten.

Ohne eine fleißige Wirtschaft gebe es nicht einmal die Farbe Grün. Auch die organisierte Zuwanderung, mit der die Bevölkerung aufgefüllt wird, ist nicht das Problem, wenn gleich einhergehende Unordnung dem Staat, so wie er sich gibt, sehr hilfreich erscheint und mancher Politiker von einer Unterwelt träumt, die sich mit sich selbst beschäftigt und in die man dann den „Abschaum" gleiten lassen kann. Immer mehr Menschen verlieren den direkten Zugriff auf ihre Lebensgestaltung und Daseinsvorsorge und die Stärkeren, auch der Staat, bemächtigen sich des „Betriebsergebnisses" und Generationen übergreifender Wertschöpfung der Wirtschaftseinheiten, so auch der Familien. Der immer höhere Anteil der besitzlosen Bevölkerung ist ein Garant für weitere Enteignungen zur Konsolidierung der Finanzen, demnach einer Erhöhung der

Schuldenaufnahme, denn wo einst Gemeinsamkeiten und Arbeit, dort heute Neid, Häme, oft ein Leben als bildungsferner Konsumist und Träumer. Das lebenswichtige Erfordernis breit aufgestellt zu sein, zusammen zu arbeiten, einander, unabhängig von der verrichteten Arbeit, zu achten, voneinander abhängig zu sein, verlagerte das Zeitalter der Industrie und Globalisierung auf ihr Spielfeld und ließ die Menschen teils egoistisch, geblendet, unselbständig und geistig verlotternd zurück.

Am Ende des Lebens bleibt ein Container an Wertlosem.

In dem Moment, wo ein Staat die Rahmenbedingungen für Globalisierung (Fortschritt) so engagiert setzt, sollte er mit den, von ihm verursachten, „Sitzenbleibern" anständig umgehen und nicht die Daumenschrauben anziehen, denn wie heißt es so schön: „Die Würde des Menschen ist unantastbar". Was die Menschen brauchen, ist Arbeit.

Ich erinnere mich gern an die Erzählungen der Altvorderen, wie stolz sie waren, teils verschmitzt Anekdoten, sicher verfeinert, geglättet und weise, darboten. Einige kannten wir schon auswendig und doch verzückten uns die Alten mit ihren Lebensgeschichten immer wieder. In unserer Zeit, der neuen Normalität, kommunizieren immer mehr Menschen mit einem Endgerät, verlieren dabei ihre Einzigartigkeit in der Geschichte und ihre Selbständigkeit. Selbst kaserniert sind sie Teil des Ganzen, von Endgerät zu Endgerät, geschichtslos in Zeit und Raum. Dieser Prozess begann bereits mit Karl dem Großen, keinem Kaiser, eher einem Verwalter. In der damals landwirtschaftlich geprägten Welt setzte er die Bauern von Augenhöhe herab und unterwarf sie gewaltsam der Herrschaft. Der Entzug der Selbständigkeit wertet den Menschen ab. Er wurde Zuschauer, Nutzer und Bediener, während sich eine Oberschicht über Generationen Pfründe sichert. Die bürgerliche Revolution hat einen Kaiser geköpft und tausende Bürger zu Königen, Geldadeligen und im Grunde genommen zu Lehnsherren, in einer nie dagewesenen Machtfülle, erhoben. Ich habe schon ein Gespür dafür entwickelt, wer von einem Geldstrahl aus der staatlichen Gießkanne benetzt wurde, sich von Inhalten löst und durch ein überlegenes Grinsen seiner Höherwertigkeit Ausdruck verleiht. Sie verlieren schnell die Bodenhaftung, erblinden, sehen nicht den kleinen Ausfluss des Trichters, an deren Ende weltweit die Familien mit ihren Kindern öfters nicht mehr ein und aus wissen. „Schmiergeld" macht sie zum „Diederich Heßling" der neuen Normalität. Sie glauben allen Ernstes etwas Besseres zu sein und der Anteil jener, die ihren Beruf mit

Fleiß und Leidenschaft ausführen, reduziert sich Zusehens. Stolz tragen sie die Maske als Zeichen ihrer Unterwürfigkeit oder fordern andere dazu auf, während sie selbst darauf verzichten. Überfällig, angesichts des Arbeitskräftemangels, die Herabsetzung und Einbürgerung.

Die Maske als Symbol der Wiedervereinigung Europas?

Die digitale Vernetzung wird die Anzahl der Mächtigen nicht reduzieren, aber den Zugriff auf die individuelle und freie Lebensgestaltung unglaublich erhöhen. Die letzten Räume selbständigen Tuns werden zur Ware. So verwundert es nicht, dass der Staat und der größere Teil des Volkes, keinen Gehirnschmalz für die soziale Absicherung, der vom Aussterben bedrohten Minderheit, der selbständig Tätigen verschwendet. Sie beneiden sie um ihre Freiheit, sind aber nicht bereit, deren Leistungen und Opfer zu erbringen. Doch gerade diese vielen kleineren Wirtschaftseinheiten sind Sinnbild der Freiheit und das Salz in der Suppe. Schon die Vorstellung, dass Künstler mit geringem Steuerertrag in die virtuelle Welt ausweichen mögen, lässt mich erschaudern. Wo sind sie geblieben, die Musikanten, welche sich einst von ihrer Kunst ernähren konnten? Weltweit sterben sie aus und mit ihnen ein unwiederbringliches Kulturgut. Freiheit, die vielen Millionen Menschen fehlt. Ein Allheilmittel für vielschichtige Lebenslagen verschwindet aus unserer hochproduktiven Welt. Die abhängige Wählerschaft wird immer größer und Demokratie im eigentlichen Sinne, die Begrenzung von Macht, hinfällig.

Eine Enteignungswelle breitet sich mit dem Virus über die Welt aus. Genau das passiert gerade im jetzigen Finanz- und Wirtschaftskrieg (Le Maire). Die sozialen Konflikte, unter Befürwortern wie unter Gegnern, werden sich dauerhaft etablieren. Unlösbare Widersprüche unter den Begrenzungen der Konkurrenz, werden Generationen prägen und die Gesellschaften der Europäischen Union anhaltend im Inneren spalten. Ein bewusster Schritt zur „Amerikanisierung" und Spaltung der Gesellschaft? Sicherlich. Denn rechts von rechts etablierte sich die AfD. Und damit stand nun ersteres „Rechts" links von rechts. Quasi mittelinks. Das pikante: Die AfD leistet damit Vorschub für Mutti. Denn sie ist aus der Nummer „Multikulti ist gescheitert", so artikulierte sie sich lautstark und wild fuchtelnd, raus. Das alles führt zur Resignation auf der einen und auf den Flügeln des Geldes zu Selbstüberschätzung, Begeisterung bis hin zur Unverschämtheit auf der anderen Seite, der neuen Normalität. Man denke sich doch bitte die AfD einfach weg, wir erhielten ein wahrhaftiges Bild unseres Hauses der Demokratie und Mutti hätte wieder den schwarzen

Peter, denn wo Globalisierung alternativlos wütet, wächst oft kein Gras mehr.

Die Kinder im Blick sagte mir einmal eine kluge Frau, namens Anna, aus einem kleinen Dorf im Süden Europas: „… man muss sie lieben!". Mutti liebt sie nicht! Sie will die einen und die anderen will sie nicht. Nach dem Motto, wer nicht für mich, der gegen mich. Den Wert bestimmt der Markt. Doch dieser ist nicht selbstbestimmt. Marx hat bereits den Warencharakter der Arbeit gut analysiert und die Ökonomisierung aller Lebensbereiche erkannt. Er sah die Globalisierung des Kapitals und das Umschlagen in Ungerechtigkeit. Kein System der Welt, weder vor noch nach Christi, war in der Lage, seine Schulden gerecht zurückzuzahlen. Die Schulden sind aber Muttis Rückgrat! In der Schuldenwelt von heute und erst recht in der der nahen Zukunft mündet das zwangsläufig im fiskalen Diktat, einer Diktatur, vielleicht auch im Krieg, egal welches Paradigma diesem zugrunde gelegt würde. Die ehrliche Geschichtswissenschaft hat Kriege nie einer einzelnen Person zugeordnet. Bereits jetzt befindet sich die Bundesregierung im Agitations- und Propagandamodus und verändert über das Wort das Denken der Menschen.

Wenn aber der Wortschatz nicht existiert, oder nur in Fragmenten, bräuchte es eine Hinwendung zu ehrlicher Geschichte sowie deren Vermittlung und eine Abkehr von konstruktiver Geschichtsschreibung zum eigenen Vorteil. Erst eine offene, ehrliche und gemeinsame Geschichte, welche nicht einzelne Individuen verantwortlich macht, sondern verdunkelte Systeme freilegt, eröffnet die Chance für ein gemeinsames Haus Europa.

Über eine gewaltsame Einwanderung, ich erinnere, die Menschen wurden in Bewegung gerodet, abgefischt, ausgehungert und geschossen, wird das kein schönes Haus. Während hier ein verdummter Demokrat eine Blume aus Afrika bewundert, verhungern und verdursten genau deshalb Menschen. Wer das konstruierte, ist machtbesessen, egoistisch, überheblich und steht über dem Gesetz.

*

Es ist eine Tragödie, dass es heute junge Menschen gibt, welche keine Kinder zeugen wollen, da ihre Mutter oder ihr Vater eine andere Hautfarbe haben und sie als Weißer damit rechnen müssen, dass ihr Kind trotz einer weißen Beziehung schwarz sein wird. Die Eltern ließen ihren Kindern keine Wahl. Hier in Dunkeldeutschland. Da, wo schwarze Einwanderer selten sind, habe ich das erfahren müssen. Welch vernichtendes Urteil werden Fanatiker für sie übrighaben?

*

Fanatiker ignorieren einfach die Auswirkungen diktatorischer Entscheidungen zur Aufbesserung des Images. Von welchen Motiven werden sie getrieben? Es scheint oft alternativlose Gier, keiner möchte freiwillig zum Übernahmekandidaten mutieren, und Hass zu sein, allem gegenüber was im Wege steht.

Indem der Staat seine Bürokratie zunehmend über die Verhältnisse leben lässt, wächst bei den angestellten Individuen die Überzeugung, Teil einer erfolgreichen, ja *überlegenen* Menge zu sein, - „Wir schaffen das!"-, ohne im Entferntesten daran zu denken, dass dies alles schuldenfinanziert ist und der Crash mathematisch vorprogrammiert ist. Dabei wird, über die prozentuale Verschuldung die deutsche Überlegenheit propagiert, während die absoluten Zahlen, das Bild eines Massensuizids beschreiben.

„Wenigstens zwölf Jahre anständig gelebt.", formulierte Hermann Göring im Brustton der Überzeugung, alternativlos, nach dem Zusammenbruch 1945. Göring hat sich nicht von ungefähr gewundert, dass er, zur Elite eben dieses Systems gehörend, plötzlich Mode war und geopfert werden sollte. Die kleinen Leute, die Schützen, Wächter und Schreiber im KZ, ja die …, aber das hat dann Mutti mit erledigt und ich raufte mir bestimmt nicht als Einziger die Haare bei so viel Populismus auf einem

Haufen. Was bleibt ist Machtmissbrauch der Herrschaft und ein Volk, welches wieder und wieder zugestopft mit Banknoten, buchstäblich narkotisiert erstarrt.

Haben die Medien, deren Abhängigkeit und Unterwürfigkeit, mit dem Personenkult um wenige Auserlesene dazu beigetragen? Sind sie Befehlsempfänger? Werden sie aussortiert, wenn sie aus der Reihe tanzen? Sind sie nicht (mehr) unabhängig?

Und nun auch noch Corona.

Da stand ich nun, vor diesem Haus, welches mir so viel bedeutete. Hier in freier Luft spürte ich den Atem meiner Familie, die hier 1945 enteignet, zur Zwangsarbeit deportiert, eingesperrt und aus einem deutschen Dorf, nach Deutschland ausgeliefert wurde. Hier tobten meine Vorfahren jahrhundertelang in Wald und Flur, als sie noch Kinder waren. Ein Leben lang habe ich diesen Platz gesucht und nun kann ich sie spüren. Mein Herz ist endlich frei. Ich muss nicht sterben, um diesen Zustand zu erreichen. Die Welt war damals in das kleine Dorf, inmitten eines fruchtbaren Tales, gekommen und hatte uns hinweggerissen. Der Vertag zwischen dem deutschen Ribbentrop und dem Ungarn Horthy rekrutierte unsere wehrfähigen Männer zwangsweise in die SS und an die Front. In Stein gemeißelt, unvergessen, unsere Gefallenen. Es brauchte wieder die fleißige Arbeit, mehr als einer Generation, um sich einzurichten, die fassbaren und geistigen Trümmer des Krieges zu überwinden und die Familie in ruhige Fahrwasser zu lotsen. Jahrzehnte vergingen ehe Menschen einander wiedersehen konnten und die Wahrheit wenigstens etwas in Blick rückte.

Doch plötzlich stand die Welt wieder an jenem Punkt, der den Menschen alles abverlangen und tiefe Narben hinterlassen würde. Wieder kam die Welt, die, wie damals abgewirtschaftet hatte, in unser Dorf, wieder wie ein Tsunami. Wer und was wird dieses Mal fortgerissen. Wo werden wir uns wiederfinden und von was werden wir uns ernähren? Welchen Verwendungszweck haben die Lenker des Geldes diesmal für uns vorgesehen?

Was ist der gemeinsame Nenner in der Corona-Gleichung?

Seit vielen Jahren breiten sich diese Viren von Asien kommend in Richtung Europa aus. Ich selbst hatte, vor einem Dutzend Jahren, an einer Testreihe teilgenommen, welche diesen Sachverhalt auswies. Hier im Ort traten bereits 2016 auffällig viele Fälle mit genau diesen Symptomen auf, die heute für Corona als typisch beschrieben werden. Ist die Welle in Sachsen schon damals durch?

Was geht Mutti durch den Kopf?

Die Chance das System, die Elitenkontinuität, die
Vergütung der Funktionäre, mit Hilfe der neuen
Normalität, durch die Weltwirtschaftskrise zu führen? Eine
Verzurrung der Machtstrukturen zur Gewährleistung von
unbegrenzten Schuldenlinien? Übt sich Mutti in einer
neuen Rolle, als Oberbefehlshaber? Das wird richtig
lustig!

Marx müsste heute seine wissenschaftlichen Theorien,
über die Krisenzyklen des Kapitalismus, um Corona
erweitern und den Beweis akzeptieren, dass nicht der
Kapitalismus und hierbei seine haftungsfreien
Ausuferungen, sondern ein Virus den zyklischen
Zusammenbruch einer Wirtschaft auslöst. Im Gegensatz
zum menschengemachten Klimawandel ist die Pandemie
ein Phänomen, eine Erscheinung, für manchen gar
phänomenal.

Wieder haben wir eine verschwommene Befehlskette, die
Verantwortlichkeiten, wie in einem Flussdelta, kaum
nachvollziehbar, in einem Meer von Maßnahmen münden
lässt. Die entmenschlichte Kette ist so lang, dass selbst
ein befangener Untersuchungsausschuss hinter dem
Mund nicht ermitteln könnte, wer da wann was gemacht
hat. Fakt ist das die Bundesregierung sich seit Jahren auf
diesen Corona-Fall vorbereitet hat und es erinnert mich
eher an eine psychologische Kriegsführung, als an kluge

Vorbereitung, wenn unsere Kinder nun in Winterkleidung und Decken ihren Lehrer/innen zuschauen, welche mit Handschuhen gestikulieren und deren heißer Tee, vor sich hin dampfend, Optimismus verbreitet, während mit ihm ein Hauch von Digitalisierung aus dem offenen Fenster, auf nimmer wiedersehen an die frische Luft gesogen wird.

Das durchgespielte Szenario von 2012 unter Federführung u.a. des Robert-Koch-Instituts mit einem Virus aus China war eingetreten.

Das Virus wurde seinerzeit als höchstgefährlich eingestuft. Es wurde 2012 angenommen, dass fünfzig Prozent der über 65jährigen und 7,5 Millionen Bundesbürger direkt am Virus sterben werden.

Im Globalisierungs-Szenario wurde davon ausgegangen, dass nachdem zehn Personen an dem Virus verstorben sind, Schulschließungen und Quarantänemaßnahmen eingeleitet werden. Nur am Rande bemerkt ist es schon beängstigend zu erfahren, dass die eigene Regierung Globalisierungsszenarien von diesem Ausmaß durchspielt und zu Beginn der Coronakrise das Virus abwertet, grad so, als wäre man überrascht und wisse von nichts.

Die Mutti wie sie lebt und liebt.

Hätte sie gesagt, wir sind vorbereitet, wir wussten, dass Corona kommt, wir selbst gaben ihm, dem Virus, den Namen, hätte sie das Spiel angenommen und sicher in den ersten Runden ihre Trümpfe verspielt. Keine Hellseherin passt immer. Ihr spielt und ich gewinne ohne dass ihr je erfahren werdet, welches Spiel ich spiele. Was ihr seht ist Dunkelheit und ein Schein. Corona. Idiotensicherer geht`s nicht. Und das Volk tappt im Dunkeln [6], diskutiert, redet sich um Kopf und Kragen und wird nicht nur gespalten, eher geistig gehäckselt. Das Amüsement unter den Regisseuren könnt' wohl nicht größer sein, wäre da nicht der Mob, der Spielverderber.

Die Regierung lässt im Januar verlauten, dass bei einer schweren Grippe 20.000 Menschen sterben und das Masern weitaus stärker ansteckend seien als das Corona-Virus. [1]

Ende Januar wurden in Frankreich und Deutschland die ersten Fälle in Europa bekannt. Die Fallzahlen und Todesfälle wurden nun zum Politikum. Die Welt steht vor einer Wirtschaftskrise und Corona würde den Zerfallsprozess von einem Moment zum anderen zutage treten lassen, allen „Deckelungen" zum Trotz. Das RKI bremst: „ dass nur wenige Menschen von anderen Menschen angesteckt werden können", so als wolle es die Schranken für das Virus öffnen.

Am 22. Februar meldet Italien den ersten Todesfall unter Europäern.

Griechenland beschloss bereits am 27. Februar einschneidende Maßnahmen u.a. Schulschließungen.

Das Robert-Koch-Institut schätzt zu diesem Zeitpunkt die Gefahr für die Bevölkerung als mäßig ein, nachdem es am 22. Januar von einer sehr geringen Gefahr ausging und erklärte, dass sich Corona nicht sehr stark auf der Welt ausbreiten würde.

Einen Monat nach den ersten Fällen in drei Bundesländern Deutschlands, meldet Kroatien am 25. Februar den ersten Infizierten.

Minister Spahn am 26. Februar: „**Wir befinden uns am Beginn einer Corona-Epidemie**".

Obwohl ab Januar europaweit sich Fälle häufen, beschließt die Bundesregierung erst am 22. März die Kontaktsperre, nachdem Italien bereits am 12. März den landesweiten Notstand ausgerufen hatte, von dem 60 Millionen Einwohner betroffen waren und über 900 Tote meldete.

Dieser rasante Verlauf deckte sich mit der Annahme von 2012, wonach die Globalisierung dieses Szenario zur Folge haben kann. Wie hätten sich die Menschen verhalten, wenn sie 2012 darüber informiert worden wären. Hätte man im weltweiten Handel prophylaktische Maßnahmen einleiten können? Hätten Kriege beendet werden müssen? Wären Wanderungen von Menschenmassen in das vergreisende Deutschland ausgeblieben? Wären Menschen in weniger dichtbesiedelte Gebiete gezogen? In diesen Ansiedlungen geht Corona gegen Null. Seit mehr als tausend Jahren eine Binsenweisheit.

Umsatz, Umsatz über alles, über alles in der Welt? Wenn es sein muss, ohne Gewinnabsicht? Gefakte DAX-Werte. Goodwill- Kapital höher als das Eigenkapital. Blase? Investoren kommen in der Mehrzahl aus dem Ausland... Stand 30.09.2019. [5]

Erst der Crash und dann Corona, das war die Reihenfolge.

Dass wir sein dürfen, wer wir sind, heißt doch nicht, dass sie machen können was sie wollen!

Wenn es so eindeutige Hinweise auf eine Pandemie gab, warum sind nicht Entflechtungen der Strukturen das letzte Jahrzehnt gefördert und die, dafür günstige Vorrausetzungen schaffende, Digitalisierung buchstäblich blockiert worden.

Jetzt, in Panik, setzt die Landflucht ein, Preise explodieren an den Stadträndern, Mutti freut sich über die damit verbundenen Steuern und Abgaben und die Bürger sehen sich mit der ganzen Palette soziologischer Veränderungen innerhalb des plötzlich auftretenden sozialen Wandels konfrontiert. Was wir hier erleben ist ein angekündigter Umbruch, ein Kulturwandel, eine Revolution über einen längeren Zeitraum. Der Elchtest für den Kapitalismus. Julian Assange, investigativer Journalist, sitzt im Gefängnis und so können wir wohl warten, bis wir schwarz werden, um Informationen zu erhalten, mit denen wir uns wenigstens ein wenig auf diesen Umbruch einstellen könnten.

Bitte adagio *„Die Industrieproduktion bricht ein. Kleine und mittlere Unternehmen müssen Konkurs anmelden. Die Arbeitslosigkeit steigt rapide. Wer noch Arbeit hat, muss mit sinkenden Löhnen oder Gehältern auskommen, ebenso werden Arbeitslosen- und Sozialhilfe sowie die Renten gekürzt. Die gerade noch prall gefüllten Kinos, Sportstätten und Lokale sind plötzlich menschenleer. Binnen kurzer Zeit befallen soziales Elend, Existenzängste und Verzweiflung viele Menschen. Die Auswirkungen der Weltwirtschaftskrise treffen Deutschland umso härter, als bisher boomende Exporte wegbrechen und Auslandskredite endgültig versiegen.*

Das Reichswirtschaftsministerium erarbeitet nun Pläne für eine kreditfinanzierte Konjunkturpolitik." [4]

Das war 1933, und 2020?

Werde ich wieder vor diesem Haus stehen, was mir so viel bedeutet? Werden wir wieder entwurzelt? Teilen die da oben uns wieder auf, wie die Kirche die Pfarreien? Diese stark abgeschwächte Form des Virus Sars-CoV-2 eröffnete den Politikern einen übermächtigen Handlungsspielraum. Die Coronakrise wurde zur Chance für die weltweite Finanz- und Wirtschaftskrise, denn ohne Enteignung geht es nicht, ging es noch nie.

Eins ist sicher, der Souffleur von Mutti ist sein Geld wert. Bei Mutti heißt es: „Das Virus ist der Spielverderber". Obama sagte bereits vor Jahren Unruhen in Europa voraus! Am 16. April 20 tickert es: Le Maire bereitete die Franzosen auf düstere Zeiten vor: „Es handelt sich *auch* um einen wirtschaftlichen und finanziellen Krieg, der lang und heftig sein wird."

(Ehrlich mehrt am längsten)

Also der Spielverderber ist nicht das Virus. Das steht fest! Vertreter der Kirche ließen, unmittelbar mit Beginn der Epidemie verlauten, dass man sich überlegen müsse, was man sich nun noch leisten könne und welche Projekte nicht durchgeführt werden könnten, …über

43

Lohnsenkungen sei bisher noch nicht nachgedacht worden. Auch wenn hier von einer göttlichen Verbindung ausgegangen werden kann, eine irdische Information und Abstimmung innerhalb des Machtgefüges muss es für diese Aussagen gegeben haben, allein schon wegen der staatlichen Abhängigkeit der Kirche. Jahrelang stand der Corona-Zug an der Anzeigetafel! Einige Corona-Wagen rangierten bereits in den letzten Jahren hier und da. Menschen erkrankten schwer an eben diesen Symptomen und starben nach Veränderungen in der Lunge, trockenem Husten und Fieber.

Man kann festhalten, dass die Regierung uns vor diesen Nachtzug gestellt hat, Corona als beliebig *erneuerbaren* Brennstoff nutzte, ein Abfahrtsignal auf Grün schaltete, wir am 22. März 2020, wir erinnern uns Kontaktsperre, im wahrsten Sinne des Wortes verladen wurden und die Bundesregierung im Stellwerk bestimmt, wann wir fahren, anhalten, wann die Klimaanlage eingeschaltet wird, auf welchem Bahnhof wir uns kurz die Füße vertreten können und vor allem ob wir Grenzen passieren dürfen, Söder die Ampel usw.

An der "Asiatischen Grippe" 1957/58 und der "Hongkong Grippe" von 1968 bis 1970 starben in Deutschland nach Schätzungen jeweils zwischen 20.000 und 30.000 Menschen, weltweit eine bis zwei Millionen Menschen.[1]

Damals fuhr kein Zug! Kein Mundschutz, keine Ampel, kein Transport. Keine Billionen Geld! Die damaligen Epidemien endeten mit der Herdenimmunität!

Und Mutti bemühte sich am 18. März: „Seit der Deutschen Einheit, nein, seit dem Zweiten Weltkrieg"... und wieder die Solidarität. Soll heißen, die Rechnung zahlt ihr ohne Gegenleistung. Und Mutti vermied, im Gegensatz zu Le Maire, einen Zusammenhang zur Weltwirtschaftskrise vor hundert Jahren, insbesondere zu 1933 herzustellen. Das war in der 12. Kalenderwoche. Zu diesem Zeitpunkt gab es nur die Erkenntnis, dass mit steigender Anzahl der Tests, beginnend mit der Woche davor (11. KW), auch die Zahl der positiv getesteten stieg.

Kurz sei erinnert, *Montgomery* war der Auffassung, es über uns ergehen zu lassen und mit der Herdenimmunität zu beenden. Ich vertraute ihm. Erstens hatten wir das schon und zweitens verlief die Hongkong Grippe milder, da viele Menschen während der Asiatischen Grippe Abwehrstoffe gebildet hatten.

Montgomery als Weltärzte-Präsident äußerte sich dementsprechend offiziell in den deutschen Medien.

Parallel zeigte sich, dass es Regionen mit steigenden Fallzahlen und Corona freie Regionen gab und bis heute gibt und, nicht zu vernachlässigen, die Weltbevölkerung sich seit den o.g. Epidemien mehr als verdoppelt hat und theoretisch eine Dopplung der Infizierten den vorangegangenen Pandemien gleich käme. Die Politik hatte also zu entscheiden, ob dem Rat der Mediziner gefolgt wird, oder, das ist beim Verzögern der Epidemie der Fall, auf einen entsprechenden Impfschutz gewartet wird. Was das bedeutet pfeifen die Spatzen von den Dächern. Im Kontext der Umgestaltung der Märkte und Ertragsmöglichkeiten nicht nur eine „Verschwörungstheorie" wert, zumal Gesundheit schon vor langer Zeit, unter stürmischen Beifall der Mediziner, von Mutti zum „Wachstumsmarkt Nummer Eins" ausgerufen wurde, in der Folge die Anzahl der Operationen, über ihre Sinnhaftigkeit hinaus, stieg, Grenzwerte ertragspushend und administrativ verändert wurden, u.a. um der Pharmaindustrie den Markt zu vergrößern. Die Reaktionen auf die politischen Corona Maßnahmen aus diesem Blickwinkel, lassen eher die Medien alt aussehen als die Verschwörungstheoretiker, auch wenn mit einigen die Fantasie durchgeht. Sag mir, wo die Medien sind, … was ist gescheh'n?

Die Frage war also: Ein bis zwei Jahre Corona und Herdenimmunität oder Zeit gewinnen und eine politische - und marktwirtschaftliche Lösung unter Außerkraftsetzung beschlossener Gesetze?

Natürlich letzteres!

Die Spekulationsblase war bereits geplatzt und Freund Blase riss alles mit! Der Anteil der hochverschuldeten Firmen, deren Gewinn nicht ausreicht, um die Zinsen zu bedienen, stieg rasant. Diese sogenannten Zombieunternehmen vermehrten sich explosionsartig. Hochrechnungen befürchteten 800.000 dieser Firmen, welche durch ihre Verkettungen in Deutschland oder global eine gigantische Pleitewelle auslösen könnten. Noch deckeln staatliche Maßnahmen einen Trend, welcher durch Corona nur beschleunigt wurde.

Auch zur Finanzkrise wurde „systemrelevant" gedeckelt, sodass die meisten keine Angst vor Marx bekamen und so weiter machten wie bisher. Allen voran Konzerne, welche ihre Arbeitnehmer aufforderten, ihren Lohn in das Unternehmen des Arbeitgebers zu stecken.

Diese, von Corona unabhängige, zweite Welle war angekündigt. Auch das ein Indiz dafür, dass Corona nicht der Spielverderber ist, allenfalls ein Virus, dem sich die Menschen ausgesetzt sehen und das selbstverständlich Maßnahmen, jedoch bestimmt keine Domestizierung und Kasernierung erfordert hätte.

Das Spekulationskapital überragte das Eigenkapital, unter den Bedingungen der Konkurrenz und des weltweiten

Kampfes um die Märkte stauten sich Überkapazitäten, Preise verfielen und die Tragfähigkeit der Schulden zerfiel wie ein Glaskrug in tausend Scherben. Bedarfe brachen nun auf Jahre hinweg zusammen. Das System greift nach dem Geld und natürlich dem Besitz? Produktion auf Halde. Unbezahlte Rechnungen. Kapitalismus und Marktwirtschaft in einer schweren Krise. Staatliche Rahmenbedingungen für einen ungerechten Kapitalismus. Steueranreize für Gier und Betrug. Aufsichtsbehörden beteiligen sich an Spekulationen und bereichern sich. Vergesellschaftung der Schulden! Und jetzt? Vergesellschaftung der Gewinne, des Eigentums? Sozialismus? Bürgerkrieg? Notstand? Notstandsgesetze? Wieder eine Wende? Nicht doch. Mutti wusste es nach zwei Wochen Corona!

Corona ist schuld!

Und wenn schon Sozialismus, also Staatsfinanzierung durch die Zentralbank (läuft schon), dann nur für die Eliten und deren weiteren Durchmarsch in der Geschichte. Die Schulden aber bleiben den Fleißigen, den Steuerzahlern. Jetzt hieß es Firma anhalten. Angebotsschock auslösen und Mangel organisieren. Planwirtschaft. Ein Mangel würde die Nachfrage und die Preise erhöhen. Dass es so funktionieren könnte, beweisen die Mangelstrukturen im Handwerk.

Vollbeschäftigung und Preise jenseits von Gut und Böse, an denen sich der Staat mehrheitlich gütlich tut und den Handwerksmeistern die Argumentation an der Front überlässt. Aber würde es auch weltweit, auf den Flügeln von Corona, funktionieren?

Kriege wurden und werden schon für weniger losgetreten.

Der bisherige planmäßige und kreditierte Mangel, z.B. der Austausch von Fahrzeugen hin zu neuen Antrieben, erwies sich angesichts von Billionen Schulden nur als ein Tropfen auf den heißen Stein, zumal (vgl. Perpetuum Mobile: wir stecken immer mehr rein als rauskommt) die Schulden stiegen und immer mehr subventioniert werden musste. Populistisch verkündete die Regierung das Schulden nichts kosten, so als gäbe es keine Rate, um die Schulden zurück zu zahlen.

Die Währungshüter 1922/23 hielten das Drucken von Geld für weise. Niemals zurückzahlbare Schulden und eben dieses Geld drucken, führten zur Wertlosigkeit des Geldes. Am Ende dieser Wiederholung der Geschichte, wer will da widersprechen(?), stehen der Verlust und die Armut, vielleicht auf einem höheren Level in Deutschland, dagegen in schwächeren Ländern, auch Europas, umso gravierender. Das Geldsystem prämiert die Schäden, so auch im Gesundheitssystem und wen wundert es, auch an Corona lässt sich gut verdienen. Missbrauch ist also vorprogrammiert. Geld für steigende Fälle?

Selbstverständlich. Die zur Stabilisierung nötige Inflation zieht nicht an, insbesondere da alle die Füße stillhalten, die Händler in Konkurrenz die Preise senken müssen, um etwas verkaufen zu können (vgl. z.b. Fliegen für 25 €) und die politische Deglobalisierung, verlagert Produktionslinien in die Nationalstaaten (zurück). Es steigen damit jedoch die Lohnkosten und weitere Konjunkturpakete werden erforderlich, um einer Stagflation, einer Dauerkrise, zu begegnen. Das alles führt dazu, dass der nicht zurückzahlbare Schuldenberg wächst und die Krise verstärkt wird. Eine Verarmung, ein „Neubeginn" (vgl. Wiederaufbauplan) wäre somit die beste Lösung. Lockdown, eins, zwei, drei…, bis wir wieder mit einhundert Euro anfangen, eine Übermacht unsere Schulden cancelt und wir, die Deutschen, vielleicht die ganze europäische Schuldenunion, uns in einem neuen Fiskalen-, folgend militärischen- und wirtschaftlichen Gleichgewicht, natürlich in Abhängigkeit, global wiederfinden und von der Nulllinie ein „Wirtschaftswunder" erleben. Kein Gold dieser Welt kann das verhindern, auch, da es politisch nicht gewollt ist, unsere Währungen an Gold zu binden. Unvorstellbar, für den Westen, dass Russland mit seinen gigantischen Goldreserven und wenig Schulden…, lassen wir es damit bewenden.

Dieses Stützen auf Krücken spiegelt sich z.B. auch im Bundestag wieder, in dem die „Zugpferde" Mangelware sind und die Utopisten, selbst Ungelernte über die Lebensbedingungen entscheiden.

Das ist Diktatur und keine Demokratie.

Allenfalls die Provisionen unserer Volksprovisionäre konnten damit finanziert werden, denn da unten wurde es immer prekärer, mal abgesehen von den weltweiten Verwüstungen des, von solchen Leuten sanktionierten, freifließenden Kapitals. Es sieht so aus, als müssten wir zurück zur familien- und bäuerlich strukturierten Gesellschaft, um in den nächsten zwei oder drei Jahrzehnten einen Markt für die Industrie und damit für Beschäftigung zu schaffen. Der einst hohe Anteil selbständiger Arbeit, ihre hohe Flexibilität, ihr Fleiß und die Beherrschung ihres Fachs, waren das Fundament einer freiheitlichen Ordnung. Die Provisionäre haben es auf dem Gewissen. Wer von anderen herrlich leben kann, denkt nicht und so bitter es klingt, verblödet. Daran ändern auch Quoten nichts. Im Gegenteil, sie verfestigen die überholten Strukturen. Seit zwanzig Jahren bröckelt es, unser Europa! Und sie zogen und ziehen uneinholbar an uns vorbei. Die deutsche Lokomotive verliert ihre Wagen. Dem Ami soll's recht sein. Um das dem Virus in die Schuhe zu schieben, musste etwas dramatisches

choreografiert werden. Junge Streber mussten ins Amt
gehievt werden. Ausgangssperren. Kontaktsperre. Zaun
drum. Und gleichzeitig Geld.

Derweil die WHO damals und bis heute informiert: „Die
meisten Menschen, die an COVID-19 erkranken, haben
leichte bis mittelschwere Symptome und werden wieder
gesund, ohne dass sie eine besondere ärztliche
Behandlung benötigen.", und die zweite Welle bleibt im
Ursprungsland der Pandemie aus. Das verstehe wer will.
Sicher, keiner möchte vorzeitig aus dem Leben scheiden.
Jedoch hat kein Mensch das Recht einen oder mehrere
Menschen dort hin zu treiben wo das Leben nicht mehr
lebenswert ist, wo man psychisch krank wird oder gar das
Ausscheiden aus dem Leben zur Lösung wird.

Herz- und Kreislauferkrankungen sind nach wie vor
Hauptgrund der Sterblichkeit. Online Sprechstunde
„Herz"? Na, ich weiß ja nicht. Unter den politischen
Pandemiebedingungen und mit der Aussetzung
demokratischer Grundrechte konnten die Regierungen
den Ausnahmezustand, den Notstand ausrufen, natürlich
sich auf diesen berufend, Geld locker machen, denn
Rezession vor Corona bleibt Rezession mit Corona und
Rezession nach Corona.

Zigtausend Beschäftigte wurden entlassen, selbständige
Existenzen brachen wie Kartenhäuser zusammen, erst

die Pleitewelle, dann die Privatinsolvenzen und den damit verbundenen Enteignungen. Somit könnte ein Teil der gigantischen, alles lähmenden Schulden verschwinden, - auf welcher Seite der Gleichung diese auch immer auftauchen würden -, denn die nächste überfällige Inflation nach der Einführung des Euros kam über einen frommen Wunsch nicht hinaus. Rund 10 Millionen Arbeitnehmer wurden durch Kurzarbeit vorerst ruhiggestellt und die öffentliche Hand bezahlte unabhängig ob gearbeitet wurde oder nicht. Viel Geld für nichts. Wieviel Geld, benötigt ein Mensch in einer Krise, ohne zur Arbeit, zur Schule, in den Urlaub usw. zu fahren, nicht ins Kino, Theater zu gehen oder im Casino, der Kneipe usw. sein Geld auf den Kopf zu klopfen?

Vor allem sichert das Geld den Staat und die Banken selbst, denn das meiste Geld fließt dorthin zurück und die „Zahlungsmoral" gegenüber beiden genannten, was für ein schönes Wort für einen Schuldendienst, blieb stabil. Die Solidargemeinschaft in Aktion. Schuldenfreie bezahlen mit dem ihnen weggenommen die Schulden der Schuldner und Spekulanten.

Minister Heil sucht, im Geld, sein Heil. Wir schreiben nicht das Jahr 1933 und dennoch komme ich mir veralbert vor. Im Sicherungsmodus gewannen Kommunen noch mehr Unfreiheit dazu. Das Niedrighalten der Zinsen „rettet" sie

vor dem Kollaps. Wer Schulden hat, ist nicht frei! Dabei
malen prozentuale Vergleiche ein schönes Bild. Wenn
aber keine Steuern sprudeln, zählen die absoluten
Zahlen. Dann geht's ans Eingemachte. Je größer die
Zahlen, desto weiter der Sprung zur Abbruchkante. Es
offenbart sich die krisenanfällige Struktur und das
Brechen marktwirtschaftlicher Grundregeln.

Wer bricht wann zusammen? Die Kleinen, da sie keine
Reserven haben und die Großen, weil sie spekuliert
haben und ihre Ausgaben Sie ihrer Großmachtillusionen
berauben.

Ein kleinteilig strukturiertes Auswanderungsland wie
Sachsen kann so betrachtet nicht bankrott gehen.
Tausche Hühnereier gegen Karnickel. Das geht. Der
sächsische Statthalter (Statthalter kann man ernennen –
was für ein undemokratisches Wahlrecht) hört, ob seiner
Unfreiheit, schon Stimmen. Geld kommt von Bayern oder
sonst woher.

Egal?

Was ist aus dem Sachsen, seit Otto dem Großen,
geworden, einst eines der erfolgreichen und
fortschrittlichsten Länder Deutschlands, als man in
Schwaben, sie mögen es mir bitte verzeihen, nur Linsen
und die Kehrwoche kannte. Würde Mutti den Regeln der

fiskalen Evolution folgen, wäre die Eingemeindung Sachsens schon Geschichte. Übermächtig lässt sie uns am ausgestreckten Arm zappeln und skaliert die Lebensumstände der aufmüpfigen Sachsen.

Corona der Idealfall?

Nun konnte ein zu erwartender Widerstand mit Verweis auf die politischen Corona Regeln unterbunden werden. Widerstand müsste in den Untergrund gehen! Mit Anmeldung wird da nichts! Hier benötigt man für jedes Flugblatt eine Genehmigung, das man an einen Baum kleben möchte. Jetzt konnten Gesetze ausgehebelt werden, „und bist du nicht willig so brauch ich Gewalt!" (Angst, Fieber, der „Erlkönig") Europas Schuldenunion um jeden Preis!

Madrid abgeriegelt, tickert es.

Muttis erhobener Zeigefinger popelt nur noch in der Nase.

Gemeinsame Schulden schweißen uns zusammen, wenn nötig bis zum bitteren Ende, so der Masterplan.

Volksvertreter waren auf einen Schlag von ihrer Verantwortung freigestellt und fügten sich den Pandemieplänen. Diktatur von einem Tag auf den anderen. Ganz nach dem Geschmack von Mutti. Sie beneidet Macron schon lange. Und Geld! Immer wieder Geld! Gestohlenes Geld! Europa im Ausnahmezustand.

Orden überfällig.

Möchte oder muss der Bürger eine Behörde betreten, so muss er sich nun telefonisch anmelden und bekommt dann einen Termin, betritt, in diesem zweiten Anlauf, dann die heiligen Hallen mit Maske. Zu Ende denken mag ich das nicht. Vielleicht auf Knien… maximal eine Person? Nun, da kann nichts anbrennen.

Ein riesengroßer Teil der europäischen Wirtschaftseinheiten,also wirtschaftlich selbständige Entscheidungsträger, so z.B. Privathaushalte, Selbständige, öffentliche Betriebe und Verwaltungen oder Unternehmen, wurde festgesetzt (Ausgangssperre = Lockdown) und mit noch mehr Schulden fixiert.

Für alle sichtbar stiegen die Schulden im rasanten Tempo und Banken könnten bald gesundend wie Orpheus aus der Unterwelt auftauchen oder auch vollends zusammenbrechen, während die Meute gezwungener Maßen und alternativlos in Schwung gerät und für wieder weniger mehr buckelt.

Die Änderung der Rahmenbedingungen in der Krise erhöhte die Verfügbarkeit des Arbeitskräftepotentials. Kleingewerbetreibende, Künstler und prekär Angestellte verloren auf einen Schlag ihr Einkommen und gerieten immer mehr in fiskale Abhängigkeit. Inzwischen gehen die politischen Entscheidungen soweit, dass Mutti brachial durchgreifen will (sie kann in der Koalition gleich beginnen!), Privathaushalte (Stichwort Feiern) kontrolliert werden sollen und sich der Staat Zugang in die privaten Wohnungen verschafft? Warum? Es hat sich seit dem Beginn der Coronakrise nicht viel geändert. Die Tests haben sich Mitte September immer noch auf über 1 Million mehr als verdoppelt und die positiv Getesteten mehr als halbiert. Auf runde 12 Tausend in Deutschland.

Vgl.: Höhepunkt 14. Kalenderwoche (KW). 400 000 Tests und 36 000 positiv getestete - Kontaktsperre.

38. KW. Über eine Million Tests und 12 000 positiv getestete ohne

Lockdown.

Also noch einmal. Verdopplung der Tests und Halbierung der Fälle.

RKI, 30. September: 40. KW, über 1 Million Tests, 12.600 positiv.

Ohne Ausgangssperre. Alles beim Alten.

Die Anzahl der Krankenhäuser ist zu hoch.

Angesichts dieser RKI Fakten dreht Söder durch und Mutti wäscht grob nach und will brachial durchgreifen, wenn gleich im Bundestag dann sanft und fast jungfräulich.

Kleinlaut?

Wenn Mutti so spricht, läuten bei mir die Alarmglocken.

Als am 11. September 2001 in New York die Zwillingstürme brennen, berichtet der RTL Reporter Klöppel live. Er spricht, ohne es zu wissen, von zehntausenden Toten. Wenig später wird er für diese kompetente Berichterstattung dreifach ausgezeichnet. Tatsächlich sterben ca. 3000 Menschen, in diesem von ihm kommentierten, Bereich des Terrors. Tausende Menschen leiden. Es kommt zum Krieg.

2020. Prof. Drosten erhält, mitten in der Pandemie und mit offenem Ausgang, für seine tagtägliche und entlohnte Arbeit, das Bundesverdienstkreuz und einen Radiopreis.

Millionen Menschen leiden, immer mehr Investoren setzen, bei extrem ansteigenden Fallzahlen, auf Deutschland? Mutti ist keine Hellseherin.

Die Einsicht, dass steigenden Fallzahlen auch höhere Schulden zur Folge haben, wächst in der Bevölkerung.

Man stelle sich vor, die Annahme aus der Studie von 2012 wäre wirklich eingetreten.

Mutti ist die Beste.

Die Akzeptanz in der Bevölkerung steigt weiter. Geldzahlungen gehen in die Verlängerung.

41.KW, die Zahl der hochgerechnet Infizierten steigt auf den Wert vor dem Lockdown. Die Kasernierung schreitet voran. Die Wachtürme werden besetzt. Soldaten kommen zum Einsatz.

42. KW, Krisentreffen von „historischer Dimension".

Im Westen nichts Neues. Mutti wollte nur ihre Führerinrolle festigen.

Das deutsche Corona-/ Wirtschafts- und Finanzkrisenmanagement hervorragend.

Alles gut.

Die Wirtschaft vor Corona war bestens aufgestellt. Es wurde auf Teufel komm raus produziert. Das Geld für die Waren wurde den Kunden in aller Welt gleich mitgeliefert.

Planwirtschaftliche und politisch motivierte Kreditlinien. Ein Europa unter deutscher Führung. Abgesegnet von den USA. „In Europa spricht man Deutsch". Kohle machen für den Crash. Einwanderung, Frauenquote, Minderheiten usw. als Lehren aus der Geschichte um nicht in die Nähe des Dritten Reiches gerückt zu werden, denn eins steht fest, die deutsche Wirtschaftsmacht würde den Europäern im neuen Großreich den Marsch blasen und die Franzosen würden zum Ausgleich über ihre militärische Stärke an der Macht beteiligt. Geld fließt. Das öffentlich zur Schau gestellte Gehabe täuscht nicht darüber hinweg, wie die europäischen Kleinkönige ihre einzigartigen Privilegien und die ihrer Fürsten für die Zukunft mit aller Macht sichern wollen. Nicht von ungefähr befürchten sie, dass Brüssel zu einer Neuauflage des Gerichts von Cannstatt führen könnte, nachdem sie kaputtgespart wurden und todkrank darnieder liegen. Ein Gespenst geht um… Die Demokratie in der Form wie wir sie äußerlich wahrnehmen, wandelt sich hin zu einer Wertegemeinschaft, welche sich im Diktat von Brüssel bündelt.

Fest steht, der Stärkere wird bestimmen,- „aushungern!", so die sozialistische Vizequote des europäischen Parlaments in überheblicher Kriegsrhetorik, mit hervorstehenden Augen, fast besessen…, typisch Frau, kann es nicht für sich behalten, - und solange in Den

Haag klagen, bis auch der letzte Kleinkönig sein Land und seine Staatsbürgerschaft zum Verkauf anbietet, um an der großen Geldwäsche Beteiligungen zu erhalten. Das können Mutti und Freunde nun wirklich schwer vermitteln, dass der zügellose Verkauf von Land und Betrieben und deren einhergehende Verpfändung nicht Abhängigkeit, sondern Freiheit in diesem krisengebeutelten System bedeutet. Zumal, so man kein Geschichtsidiot, wissen könnte, dass dieses Provisions- und Schuldensystem Billionen in den Sand setzt und sich partout nicht von dieser Art Wachstumsgesellschaft und seinem Provisionssystem verabschieden will. Da wird auch nichts grün. Gar nichts. Finanz-Hasardeure in Deutschland bedienen sich der Droge Schulden (billiges Geld; Geld ohne Wert?) und fordern, pikanter Weise nach ihrem Vorbild, die Teilnehmer des Finanz-Marktes zur Disziplinlosigkeit auf. Der Zyklus Spekulation bis hin zum Platzen der Blase wird einkalkuliert, da keine Konjunktur der Welt Normalität auf den Märkten schaffen könne. Diese Art der Bereicherung wird weiter ausufern, wenn die Realwirtschaft nicht genug für den Provisionsstaat und das Establishment abwirft.

Die Finanzwirtschaft macht schon lange was sie will. So werden wir unterteilt in Systemrelevante und Nichtrelevante.

Ein Vorgeschmack auf die Demokratie der Zukunft.

Erst wurde die Sklaverei in die schwachen Länder der Erde getragen oder gar nicht erst aufgehoben und irgendwann kommt sie zurück, wie ein Krieg. Wird es dann Pflicht, den wohlverdienten Lohn in Aktien anzulegen, um nicht sehenden Auges den Verfall desselben erleben zu müssen?

Lohn gleich Kredit? Der letzte Versuch der Denker und Lenker?

Egal?

Das wird dann richtig spannend wenn auch die Nichtzocker zocken. Wir hatten schon die Zeiten, als es ratsam war, die Rückfahrkarte gleich zu kaufen, da das Geld für die auf dem Markt verkauften Eier, wenige Stunde später nicht mehr dafür gereicht hätte.

In der anhaltenden Krise wird der Gedanke an eine klimarettende Wirtschaftsführung in den Hintergrund rücken und einem „Jeder ist sich selbst der Nächste" weichen. Genauso wie man sich so viel Demokratie leisten kann, wie man Geld hat, genau so wird man Umwelt und Kultur zum Gut machen oder nicht.

Die deutsche Führungsrolle, von Obama zugesichert, passt natürlich den Angelsachsen nicht. Ich sehe Mutti noch mit weit ausgebreiteten Armen vor dem schwarzen Mann aus Amerika, grad so als hätte sie etwas zu sagen. Ich liebe es, wenn sie herumfuchtelt, als würde sie der Erde einen Drall geben. Obwohl wir, nein unsere Regierung, unsere deutsche Nation aufgegeben hat, obwohl der oberste Repräsentant des Staates sich unserer Muttersprache, der „Sprache der Täter" schämt usw., wir also keine Nationalisten sind, billigt uns (in Konkurrenz) die zweitstärkste Wirtschaftsmacht nicht diese Führungsrolle zu. England springt ab. Nicht das erste Mal. Das halbe Großreich unter deutscher Führung! Und Mutti zieht durch! Ist besessen. Zockt. Ellenbogen raus. Asien Braucht deutsches Schweinefleisch, damit die dort nicht auf den Hund kommen oder davon weg. Welchen Effekt das hat weiß sie nicht?

Sie ist keine Hellseherin. Ich mag ihre Ehrlichkeit.

Europas Bauern nehmen sich den Strick.

Und nicht nur die. Die ideologische Fassade ist eben nicht alles.

Egal?

Welch einen Aufschwung hatte doch die Welt durch den Sklavenhandel erfahren. Welch Wohlstand brachten uns die billigen Arbeitskräfte beim damaligen Globalisierungsschritt. Später dann Hitler. Er warb, anfangs sogar ohne Druck, in der Ukraine erfolgreich um Arbeitskräfte für die deutsche Wirtschaft. Na, wir wissen, dass es heute auch so gemacht wird und nicht nur in der Fleischindustrie.

Rumänien, der Osten, verloren zehntausende ausgebildete Ärzte an den goldenen Westen und man könnte es fast unendlich fortsetzen. Inzwischen hat es „Mutti" hinbekommen das ein großer Teil der deutschen Bevölkerung den modernen Arbeitskräftehandel als Zubuße begreift. Als Rettung der Ehre Europas, wie es J. G. Junker ausdrückte. Da ist er wieder, der Blumenmann. Aber Mutti hat es schwer. Die Spanier, die Mexikaner. Was hat sie nicht alles versucht. Dann ging's nach Afrika mit dem Geld. Da ein Deal und dort ein Geschäft. Arbeitskräfte im Tausch. Die Ukrainer neun Monate ohne Aufenthaltserlaubnis usw. Mit Tönnies hat Mutti nichts zu tun. Die weiß gar nicht, dass es den gibt, ist ja keine Hellseherin.

Aber jeden Tag und das ein Leben lang arbeiten, ist nicht jedermanns Sache! Die Drogenlawine rollt. Schnelles Geld, ohne sich den Buckel krumm zu machen. Die fliegenden Holländer mit dem Knowhow der Mexikaner, der Marktführer und der Vermarkter. Und dann noch Im Osten arbeiten? Nee. Dann lieber Athen. Und wo ist eigentlich Gaddafi, da war's doch auch relaxt, sagt mir ein Händler in Wien.

Aber etwas von Fleisch versteht Mutti schon. Sie kennt die Studie von 2012, nach dem ein neuartiges Corona Virus auf einem chinesischen Wildtiermarkt auf den Menschen überspringt und von zwei Reisenden aus China nach Deutschland eingeschleppt wird, die Pandemie seinen Lauf nimmt, mindestens 7,5 Millionen Bundesbürger direkt am Virus sterben und ein Impfstoff erst in drei Jahren zur Verfügung steht!

(Vgl. Bundestagsdrucksache (BT-Drs.) 17/12051, 3.1.2013, insb. S. 55–87.)

Spätestens an dieser Stelle der Geschichtsschreibung hat Mutti ihren Spitznamen Mutti verwirkt. Die Bundesregierung konnte so fast punktgenau die Pandemie planen, die Globalisierung vorantreiben, immer mehr Waren um den Erdball jagen, gleichzeitig die Bevölkerung einer unkalkulierbaren, oder doch kalkulierbaren(?) Gefahr aussetzen und der kurzen Epoche der Reisefreiheit beliebig und politisch motiviert ein Ende setzen.

Erinnern wir uns an den Spanienkrieg 1936, welcher aufgrund der extremen sozialpolitischen und kulturellen Verwerfungen in der spanischen Gesellschaft, sowie den regionalen Autonomiebestrebungen ausgebrochen war. Er erfasste ganz Europa. Ähnliche Ausgangslagen haben wir heute wieder in Spanien, auch in Italien, Frankreich, auf dem Balkan und weiteren Ländern weltweit.

Entweder das Virus ist keine echte Gefahr und die Regierung hat verantwortungsvoll gearbeitet, nutzt das Virus aber um nicht die eigene Haut zum Markt tragen zu müssen, will sich also der zu erwartenden unzufriedenen Menschenmassen erwehren, Investoren halten/locken usw. oder es ist eine echte Bedrohung und die Regierung hat für den Umsatz, alternativlos Menschenleben auf dem Gewissen. Die Bevölkerung hätte dann informiert werden müssen.

Ein Orden ist das so oder so nicht wert. Wenn der Damm gebrochen, brauche ich nicht mehr an ihm herum flicken. Derweil, anfangs in der zweiten Welle, Muttis Gesundheitsoffizier mit dem Finger auf die Leute zeigt, während der Finanzminister die Politik der verbrannten Erde verfolgt und Deutschland in einen Nachkriegszustand versetzt!

Egal?

Nun gehören wir bald zu den ganz Guten auf der Welt.

Lieferkettengesetz. Ab jetzt auf gleich alles ohne Ausbeutung. Dieser Freispruch von Schuld ist es, was die

Menschen apathisch hinter „Mutti" her dackeln lässt. Es wird gelogen, dass sich die Balken biegen. Und natürlich das liebe Geld.

Begierig, wie nach frischem Fleisch sprangen Menschen mit Plüschtieren und Haribo Tütchen den Neubürgern entgegen. Wir wollen alles und noch mehr. Selbst die Übertragung der Schuld auf künftige Generationen, der Diebstahl an der Zukunft, lässt uns allenfalls etwas schummrig werden. Schuld? Natürlich nicht.

Und Corona?

Angst! Undefinierbare Angst vor allem!

Etwas Unsichtbares, Tödliches. Mit jedem Atemzug.

Nicht die Globalisierung, nicht das Geldsystem, sondern ein Virus.

Mutti muss sich nun öfters das Lachen verbeißen.

Brechen wir es kurz, sorry, ganz trivial, bis auf den Grund der Gesellschaft herab, nur um aus der medialen Oberflächlichkeit in eine emotionale Wirklichkeit abzutauchen:

Die Familie hat Sorgen. Seit zwanzig Jahren grassieren Entlassungswellen, Frühverrentung, Bemessungsgrenzen werden wie von Geisterhand verschoben und zerstören die Kalkulation der Lebensplanung, die Früchte jahrzehntelanger fleißiger Arbeit. Was einst gelernt, bringt nichts mehr ein. Zwei oder mehr Arbeitsplätze. Mini, Midi usw. Dazu die unkontrollierte Migration mit all ihren Erscheinungsformen, der Terrorismus hautnah, an Weihnachten. Wir fürchten uns nicht mehr vor den Vorstellungen über die Dinge, sondern vor den Dingen selbst! Armut breitet sich aus. Natürlich auf hohem Niveau. Man hat alles. Nur mit dem Essen wird's knapp, Fast Food, und der Sinn des Lebens schwindet. Die Klassenfahrt zu teuer. Zettel ausfüllen (Kinderreich, kein Geld, Assi?). Outing. Alles Scheiße. Drei Kinder im Homeschooling nach Feierabend. Aufgaben ausdrucken. Papier kaufen. Farbpatronen. Sortieren. Bilder aus dem Netz runterladen. Was? Bezahlen? Ausdrucken, wieso hängt das hier, und aufkleben. In drei Fächern muss gebastelt werden. Ein Lied. Jeden Tag der kopierte Lehrplan auf dem Schirm.

Ja, das Pädagoge sein, das …mein Gott.

Geld knapp.

Das Monatsende naht.

Mitunter jeder dem anderen sein Teufel und nun? Corona. Jeder dem anderen sein Tod? Menschen brüllen sich an, zeigen sich an.

Opas Achtzigsten feiern die jungen Alten ohne Opa. War echt schön. Die Familie deprimiert. Angst! Und dazu noch der Klimawandel. Der Mann mit den langen fettigen Haaren und dem fetten Bauch hat im Fernsehen gesagt die Welt geht unter, wenn wir weiter so konsumieren. Wen meint er?

Angst. Angst. Angst!

Der Papa sitzt mit den Kindern auf dem Sofa und singt: „Wenn Mutti früh zur Arbeit geht, dann bleibe ich zu Haus…". Und da. Es klingelt. Mutti kommt nach Hause. Endlich. Hast du was mitgebracht? Geld. Geld. Und noch einmal Geld. Milliarden, Billionen. Alle brechen in Tränen aus.

Mutti! Mutti!

Die Akzeptanz der Corona Maßnahmen steigt auf 75 Prozent. Nur der halbwüchsige, missratene, aus der Art geschlagene Bub fragt: „Wo hast du das her?" und frech: „wieder Schulden?" „Geklaut?" und weiter: „Nur zur Info, das Erbe schlage ich aus!" Mutti grinst, schickt den kleinen Söder, der zieht blank. Und nun haben wir den Nenner! Mutti ist wieder Mutti. Die Quote wie sie lebt und liebt. Die Geschichte wird sie als Heldin feiern, auch wenn das alles nicht auf ihrem Mist gewachsen ist. Deutschland wieder schnell aus der Krise und ganz ohne *den* Führer unter ihrer Führung.

Alle bekommen Geld, naja, wenn sie mitspielen, Entschuldungen werden in Aussicht gestellt, naja, wenn sie mitspielen, der marxistische Ansatz der Krise als nicht versiegende Geldquelle.

Jetzt kommt Spannung auf, denn was bedeutet das für die Menschen? Verliere ich meine Wohnung? Geht es als Rentner nach Afrika? Schön warm und für einen Fünfziger ein königliches Leben? Die jungen Afrikaner im Tausch hierher? Europa ist bereits geplündert. Das wird spannend. Vielleicht das Weltall? Schießen wir Mutti auf den Mond, zum Herumfuchteln?

Die Akzeptanz in der Krise steigt. Vor allem unter den Menschen für die sich nichts ändert. Höchstens, dass sie für ihr Geld nichts machen müssen, oder weniger. Relaxt.

*

Ein Lehrer. Er sagt, das war das beste Jahr seines Lebens. Er unterrichtet DAZ Klassen (Deutsch als Zweitsprache). Hat die Backen schon lange dicke. Die Schule hat eh keinen Glasfaseranschluss.

*

Und so bleiben wieder nur die qualmenden Köpfe der Widerspenstigen und Abstürzenden und natürlich jene, die Mutti schon lange auf dem Kicker haben, die Deppen. Die Unvernunft weniger Menschen ist es! Die Corona Leugner und dergleichen. Die Maskenverweigerer. Die Trinker. Die Asozialen. Die Antänzer. Und immer wieder die Hochzeiten. Der Söder spricht von Ethik. Hört, hört! Sie sind schuld, dass das Virus jetzt erst richtig zuschlägt. Immer noch über dreimal mehr Tests und die Hälfte jener Anzahl Positiver, welche bei dreimal weniger Tests zur Ausgangsperre führte!

Das mit dem Rechnen ist so a Sach'.

Schuld, Schuld, Schuld und Angst.

Panik?

Schuld, dass Grenzen geschlossen werden. Nun, die Wahrscheinlichkeitsrechnung ist Bestandteil einer gymnasialen Schulbildung. Ich will das nicht vertiefen. In unserem freien Land wird den Menschen die Freiheit abgesprochen, mit dieser Krise individuell umzugehen. Egal ob ihnen der Kopf platzt. Dabei wollen sie nur Mensch sein!

Wie soll man aus einer als reich geltenden Welt Arbeitslosigkeit, Existenzangst und Tod ohne Abschied bewältigen. Mit dem Verlust der zunehmend möglichen individuellen Lebensgestaltung schwindet selbstverständlich Freiheit, wie wir sie kennen lernten. Mit „Schluss mit Hetze" oder „Mich kotzt das an" macht man nicht seine Arbeit. Da macht man nichts fürs Geld im Bundestag!

Alle Säulen der Macht versehen, eingebettet in stabilen und steigenden Einkommen, stupide ihren Dienst. Glauben gar Retter der freiheitlichen Ordnung zu sein. Ihrer Ordnung. Ihres Einkommens. Kettenglied in Ketten, mit Schmiergeld geschmiert, könnte man drastisch formulieren.

In Freiheit unfrei usw.

„Wir reißen uns für euch den Arsch auf", werden sie sagen und ihr jammert wegen Urlaub und der Wohnung. Hallo Solidarität? Was seid ihr nur für Menschen da unten. Wir müssen jetzt zusammenhalten! Nun, ich wohne in Sachsen. Eine Lehrerin im Ort hatte nach einem Test Corona.

Es zeigte sich, dass Corona bei weitem nicht die Stärke vorangegangener Epidemien hat, nicht einmal die einer Grippewelle. Wir sind digitalisiert und vernetzt im ganzen Land, in Deutschland und natürlich in Europa. Keiner kennt jemanden der Corona hatte oder hat. Nur innerhalb der Befehlsketten der Abhängigen gibt es Corona Fälle.

Selbst die gehen mathematisch gegen Null. Warum, so erhebt sich die Frage, sind Menschen dieses Erkenntnisstandes oder dieser Erlebenserfahrung in den Augen von Politikern und Journalisten kontraproduktive Corona Leugner? Corona-Pegida! Mannmannmann. Söder. Demnach Nazis?

Aber gut für Mutti. Da kann sie sich diplomatisch äußern und muss nicht den Provokateur geben. Außer wenn sie brachial durchgreifen will. Na gut. Auch sie kann sich mal vergessen. Undifferenziert und verächtlich werden Menschen stigmatisiert. Der Nationalsozialismus lässt grüßen. Köpfe rollten schon vor und natürlich nun auch mit Corona. Rufmord kein Problem. Es werden Erinnerungen, an die Untiefen politischer Exzesse im Osten des Nachkriegs-Deutschlands, wach. Manch einer ist der Meinung, es wäre sogar schlimmer. Nachvollziehbar vermuten Menschen einen anderen Grund hinter den staatlich diktierten Maßnahmen die sie um ihr Einkommen, nicht wenige um ihre Existenz bringt. Schulden, Schulden! Und wer die nicht bezahlen kann? Na was? Neue Schulden. Mit neuen Schulden alte Schulden bezahlen. Da hat schon manch einer die ganze Familie umgebracht. Aber die Akzeptanz steigt. Mutti sagt Geld kommt.

So wie eine Frau das Recht hat, einen Mann einfach nur satt zu haben, so haben Menschen ohne Corona-Erfahrung das Recht, Corona in Frage zu stellen und die teilweise an Dummheit nicht zu übertreffenden Maßnahmen erst recht.

Wichtigtuer würden es fertigbringen, Robinson Crusoe und Freitag als Corona Leugner zu klassifizieren, zur Maskenpflicht zu zwingen, positiv zu testen und die Insel aus geopolitischen Zwängen zum zweiten Ischgl zu erklären, nur um zu verhindern, dass sich die revolutionären Inseln zusammentun.

Die individuelle Verarbeitung der Krise, im Übrigen nicht nur dieser Krise, auch der Krise durch Zuwanderung, ist durch das Grundgesetz gedeckt und es ist menschenunwürdig wie diese Menschen hier durch den Kakao gezogen werden.

Schlechtes Gewissen? Das passt nicht zu Mutti. Dazu ist sie viel zu viel Quote. Und verlieren geht gar nicht. Dann ist das nicht ihr Land.

Dann wird sie bockig.

Der Agitationsschwall einer steigenden Zahl an Journalisten führt zu immer höheren Abschaltquoten. Erinnerungen an den Volksempfänger werden wach, wo es nur zwei Sender gab, also alle das Gleiche von sich gaben. Aber es ist ihnen egal. So wie der Fußball sind auch sie refinanziert über den unmündigen Bürger.

Wieviel gedrucktes Geld wird gezahlt, damit von einer Pampa zur anderen Pampa in Europa der Weg gesperrt wird und die Menschen sich nicht sehen dürfen? Die Coronakrise eskaliert zum Krieg des wirtschaftlichen Überlebens. Wer hat den längsten Atem und welches Volk, welche Stadt, Gemeinde oder Familie findet sich in neuen Abhängigkeiten wieder? Welcher Staat geht wann bankrott oder verschuldet sich in Unfreiheit.

Putin, spekulierte zu Beginn der Corona Krise, dass Russland 12 Jahre durchhält. Das klingt bedrohlich und ich mag es nicht zu Ende denken.

Derweil die Provisionäre hastig neue Geldquellen erschließen wollen. In grünen Badelatschen werden sie auf Bordsteinen hocken und versuchen in den Innenstädten Maut zu kassieren. Wenn der König schwächelt, mal das und mal das erzählt, die Meinung wechselt wie die Unterwäsche, dann tanzt der Niederadel auf dem Tisch.

Und immer wieder die Frage: Warum machen alle mit? Weil keiner verantwortlich ist? Weil jeder nur seine Arbeit macht und sein Geld bekommt? Weil jeder das Einkommen braucht. Die Frau sich sofort scheiden ließe?

Weil die Angst, erst einmal gut geschürt, in den Knochen sitzt? So wie im nationalen Sozialismus? Wir zuerst und alle im selben Boot? Weil die Presse den Todesstoß versetzt? Weil der Vorgesetzte die Verantwortung übernimmt. Weil Gewerkschaften politisch motivierte Entlassungen ausdrücklich befürworten. Weil Menschen, wie der Staat selbst, hoch verschuldet sind und, welch offenes Wort von „Mutti", alternativlos, demnach sich von demokratischen Visionen entfernend, handeln? Weil ab einer bestimmten Herrschaftsstufe die persönliche Haftung entfällt? Weil man sich demokratisch legitimiert bei Hofe, denken wir an die Diktatur des Fraktionszwanges mit all ihren existenziellen Konsequenzen, alles erlauben darf. Weil Abgeordnete des Volkes, da wo sie die Hand heben, die schönste Zeit Ihres Lebens verbringen und die gefälschten Altruisten trotz Corona im Bundestag feiern.

Was denken Menschen in Funktion, wenn sie sich den Karlsorden gegenseitig umhängen, benannt nach Karl dem Großen, dem Sachsenschlächter und Räuber. Huldigen sie dem europäischen Nationalismus? Gut möglich, denn ohne Nationalismus erobert man kein Reich (vgl. Ukraine, Nawalny in Russland und, und, und). Warum fühlt sich ein Würdenträger bürgerlicher Demokratie, der mit der Stirn die Fußgängerampel aktivieren könnte, gewogen, aus dem Stammbaum dieses

Schlächters hervorgegangen zu sein? Machtlegitimation?
Selbstkrönung? Warum werden noch in der dritten
Generation Nachkommen Enteigneter und Vertriebener
aus ehemaligen deutschen Landen als Menschen mit
Migrationshintergrund bezeichnet?

*

Wilhelm! Mutti kennt ihn nicht. Seine Vorfahren kamen aus Stuttgart. Als in Deutschland alles abgefackelt war, gingen sie auf die Russische Krim. Da gab es Land und ein auskömmliches Leben. Dann kam Stalin und sie wurden enteignet, weil sie deutsch waren und nach Kasachstan deportiert.

J.w.d.

Dann kam die Wende und sie gingen zurück nach Deutschland. Und hier sind sie Migranten? Ich habe ihm gesagt, dass er zur Familie gehört. Mit Tränen in den Augen und stolz erzählte er mir seine Geschichte und dass er bald sterben werde. Aber er würde immer im Kopf behalten das er zu uns gehört.

*

Nimmt man den Menschen ihre Geschichte und Identität so spaltet man ein Volk. So fügt man den Menschen Schmerzen zu, nimmt ihnen Stolz und Würde, reizt wohl manchen aufs Blut.

Wer gab ihnen das Recht dazu?

Die Würde des Menschen ist unantastbar?

So enthauptet man eine Nation und mit ihr den Quell des Lebens und der Demokratie. Ohne Volk keine Volksherrschaft. Kein ewiges Leben. Nur Anfang und Ende im Zyklus der Krisen. Das hatte die Menschheit doch schon x-mal durch. Länder werden geteilt, Gesellschaften werden geteilt. Gemeckert wird nur wenn der Amerikaner wieder einmal nicht teilen will und man selbst geteilt wird. Wenn der Ami festlegt wer in Europa brach liegt, quasi zur Harz IV Wiese wird, wer Agrarland und wer Industriestandort wird. Das regt dann unseren Bundespräsidenten auf. Solange Mutti das in der Hand hatte und Harz IV-Wiesen im Großreich Europa festlegte, störte es ihn nicht. Der verstädterte Bürger regt sich über jedes Hahnenkrähen, über Kuh- und Kirchenglocken, über Nachbars Kreissäge oder Rasenmäher auf und der Ruf des Muezzins gehört zu Deutschland? Da lachen doch die Hühner. Starker Zuspruch im Bundestag, von der Parteibasis und in den Gemeinden, heißt es.

Und was sagt der Bundespräsident? Tiefe rechtsradikale Wurzeln...! Mannmannmann. Der Deutsche und sein Deutsch und die Radfahrer und ihre Räder. Was sind das für Typen da? Unglaublich wie wenige Menschenklicken die Sprache, die Geschichte und das Leben der Menschen verändern. Demokratie? Wahlrecht für Menschen mit leerem Kopf? Die angeblich politisch korrekten Provokateure säen Hass und Wut. Sie füttern die Gebärmutter des Extremismus, den sie vorgeben zu bekämpfen. Respektlos beginnen sie uns nun zu Duzen, als wäre das für ein Europa der Nationen nötig. Was sie wollen, ist ein Europa ohne *ich*, des Menschen Bestimmung sei ein Rädchen in der kapitalistischen Maschine, in der sich Menschen nicht wie menschliche Wesen verhalten, sondern lebenslang Dingen hinterherjagen, in denen sie eine Würdigung ihres Marktwertes erkennen.

*

Mein Postbote ist schwarz wie die Nacht. Er arbeitet etwas langsamer, aber zuverlässig und ist nett. Nach Hause will er. Elfenbeinküste. Doch Urlaub gibt's in Deutschland nicht alle Tage und nun Corona. Ihm stehen die Tränen in den Augen, wenn er es uns im gebrochenen Deutsch vermittelt. Geld schicken ist das Eine. Heimat das Andere.

*

Mein Vater wurde 1945 in Ungarn enteignet. Ein großer Zweig unserer Familie, ursprünglich aus dem Schwarzwald, hatte dort 250 Jahre gelebt. Der Kaiser wollte es so.der Großvater musste nach der Enteignung ins KZ, Frauen und Männer, ohne jegliche Kriegsbeteiligung, wurden in die Ukraine zur Zwangsarbeit verschleppt. Den Siegermächten und Beneš, nach Versprechungen Englands, im Ausgleich für die Duldung Hitlers Besetzung, war so. Vertrieben aus dem Paradies. Ich möchte in unsere alte Heimat, zu meinen Vorfahren, da wo Aprikosen und Feigen wachsen, ich diese nicht bezahlen muss und zum Friedhof. Da wo meine Familie begraben ist. Da wo der Friedhof seit ewigen Zeiten ein offenes Buch der Geschichte sein darf und nicht als pietätsbelasteten Fläche verspekuliert wird.

Ich möchte zu dem Haus, was mir so wichtig ist.

*

Warum läuft das Wild noch heute bis zum Todesstreifen und kehrt dort um, obwohl es schon lange keinen Zaun mehr gibt? Warum hält das Trauma von Vertreibung und Umsiedlung viele Generationen an? Integration ist auch immer Segregation. Aber unsere Führer gehen einfach darüber hinweg und unterstellen vielen Menschen Böses. Alternativlos?

Ich habe es nicht vergessen. Der kranke Mann starb nach einer Woche im Krankenhaus, so wie prognostiziert. Beide, seine Frau und er, sahen sich nicht mehr. Dem politischen Corona Diktat sei Dank. Ethik? Beide hatten nur einen Wunsch! Noch ein Blick. Ein letztes liebes Wort. Ein Händedruck. Sie waren nicht infiziert. Verboten! Zu einem Zeitpunkt, wo Politiker Maskenfreiheit genossen und der Minister sich eine Villa gönnte. Was für ein Schmierentheater.

Wohlgemerkt im Corona freien Sachsen. Hier wo Corona importiert werden musste.

Für Geld machen sie alles! Ethik?

Verflucht seien sie bis in alle Ewigkeit.

„Dumme Leit, sterbe dumm."

Neue Sonnenkönige/innen drehen sich selbstgekrönt im Spiegel. Landesmutter. Landesvater. Mutti. Mir wird schlecht.

Der Himmel verdunkelt sich und eine Untergangsstimmung macht sich breit. Sind sie fähig Viren gegen die Völker einzusetzen und mit uns beliebig zu spielen?

Wie der Kernschatten des Mondes wanderte Corona, entgegen wissenschaftlicher Erkenntnisse, binnen Stunden um den Globus.

Wuhan - hopp - Ischgl - hopp - Pandemie - hopp - hopp - 900 Tote in Italien usw. Jeder wird bald einen Menschen kennen, der an Corona gestorben ist. Särge wohin die Kamera auch blickt.

Neue Schulden - hopp - Wumms - Bluff - hopp, hopp, hopp.

Test, Test. Was nützt die Diagnose, wenn das die neue Normalität ist? Diese Tests dienen nur als Treibmittel der Einkesselung und des Putsches der Schuldenbarone, welche sich herrlich eingerichtet haben. Dieser Machtkampf wird auf unser aller Rücken ausgetragen. Wer zu spät aufwacht, den bestraft auch das Leben. Die Pensionen, Hotels und Restaurants, die Stadien und Autobahnen sind bereits leer fürs Militär. Kontakt, so

Mutti, nur noch zu Familienangehörigen. Operation „Corona" nimmt an Fahrt auf. Eine Entsatzoffensive des Volkes überfällig?

Corona, so scheint es, hält in der Phase des Unterganges unserer Welt, dem Zerfall der Ordnung, so wie wir sie kennen, alles zusammen. Corona, so der politische Name, hält uns gefangen und schützt uns vor uns selbst. (?) Das Geld was die Welt zusammenhält, zerfällt und mit ihm die Welt. Wir werden von Feiglingen regiert, denen es nichts ausmacht, auf schwache Menschen Bomben zu werfen, Ressourcen zu stehlen und dann den Erlöser zu spielen. Feiglinge, die nicht bereit sind, der Wahrheit ins Auge zu blicken. Zocker, die so viel auf dem Kerbholz haben, dass sie nicht mehr aus ihrer Haut können. Lieber verbreiten sie Angst und Schrecken, als ihr jämmerliches Versagen einzugestehen. Ich kann sie verstehen, denn der Internationale Gerichtshof wartet schon auf sie. Friedensnobelpreis-, Karlsordenträger und weitere würden sich dort die Klinke in die Hand geben müssen. Ohne Maske. Demaskiert.

Corona – eine Pandemie der Angst – eine Angstpandemie!

Was waren wir einst für ein stolzes und revolutionäres Volk. Was machen diese Menschen aus unserem schönen Deutschland? Was machen diese Menschen aus Europa? Die Statistiker werden uns die jährlichen Grippewellen so um die Ohren hauen, dass selbst die Schweden untertänigst akzeptieren, dass Mutti den Nabel von Ischgl hat.

„Doch als in allerneusten Jahren

Das Weib nicht mehr gewohnt zu sparen,

Und, wie ein jeder böser Zahler,

Weit mehr Begierden hat als Taler,

Da bleibt dem Manne viel zu dulden,

Wo er nur hinsieht, da sind Schulden."

Johann Wolfgang von Goethe (1749- 1832),
Faust. Der Tragödie zweiter Teil 1832

Das Großreich Europa auf der Basis einer militärisch
gestützten Schuldenunion hinter einer Wertefassade. Es
lebe die fiskale Anarchie. Die Epoche der Unordnung, auf
den Flügeln des Coronavirus, hat begonnen. Ein
Gespenst geht um...? Europa an die USA verkaufen?
Wieder ein Schuldenerlass für Deutschland? Wieder
sechzig Jahre Abhängigkeit? Mutti als Adenauer – für
Europa? Dieses Mal gleich den ganzen Kontinent?
Russland die Arschkarte? Oder schreibt uns Mutti ihre
Schulden in die Bücher? Täuscht sie mit Linken und
Grünen einen Sozialismus vor, um ihre Schulden uns

überzuwerfen? Oder verzockt sie sich und es ist nicht ihr Land … und sie fängt auch bei Gazprom an?

Russisch Roulette oder alles im Griff?

***

[1] Vgl. Bettina Hitzer, Angst, Panik? Eine vergleichende
Gefühlsgeschichte von Grippe und Krebs in der Bundesrepublik, in:
Malte Thießen (Hrsg.), Infiziertes Europa? Seuchen im langen 20.
Jahrhundert, München 2014, S. 137–156; Hartmut Berghoff,
Hingenommen und Vergessen. Die "Asiatische" Grippeepidemie
1957/58, digitaler Vortrag,
27.5.2020, http://www.youtube.com/watch?v=xoJcdTvrHTc&list=PLg
oiCMgV-zrcnrrYsoaxxD10d8h4Mgg2F&index=8&t=0s«.

Aus Frank Biess: Corona-Angst und die Geschichte der
Bundesrepublik; 21.08.20

Bundeszentrale für politische Bildung

[2] RKI

[3] Vgl. Jürgen Osterhammel, Niels P. Petersson „Geschichte der
Globalisierung"

[4] www.bmwi.de. Bundesministerium f. Wirtschaft und Energie:
„Die Wirtschaft liegt am Boden – 1929-1933"

[5] Unternehmen Bloomberg, Datastream, Flossbach von Storch

[6] (Bibel: 5. Mose Kapitel 28, Vers 29)

[7] www.bundesregierung.de › aktuelles › pressekonferenzen, Mitschrift